120 – 5 MINUTEN DIKTATE FÜR DIE 3 & 4 KLASSE

zum gezielten Rechtschreibtraining inklusive Übungen zu den wichtigsten Rechtschreibregeln

Auch der weiteste Weg
beginnt mit dem ersten Schritt.

Konfuzius

Inhaltsverzeichnis

Vorwort

Liebe Eltern,

herzlichen Glückwunsch zum Kauf dieses Buches! Mit diesem Buch können Sie einen wertvollen Beitrag zum Bildungserfolg Ihres Kindes leisten.

Wir wissen alle, dass die Anforderungen an unsere Kinder in der heutigen Leistungsgesellschaft enorm hoch sind. Deswegen ist es umso wichtiger, Kinder gezielt und dennoch kindgerecht zu fördern.

Besonders eine gute Rechtschreibung ist unumgänglich, wenn es um den Bildungserfolg Ihres Kindes geht: Sei es bei der Entscheidung, auf welche weiterführende Schule Ihr Kind gehen soll, später bei Bewerbungen auf Studienplätze und auch im Berufsleben; ohne fehlerfreies Deutsch in Wort und Schrift sieht es düster aus.

Mit diesem Buch leisten Sie einen großen Beitrag zu einer perfekten Rechtschreibung:

Dieses Buch beinhaltet 120 Diktate, die jeweils ungefähr fünf Minuten dauern und die alle wichtigen Bereiche der deutschen Sprache und die größten Stolperfallen, die unsere Sprache für uns bereithält, beinhalten.

Die Texte sind kindgerecht und altersentsprechend verfasst worden: Themen, die die Lebenswirklichkeit Ihres Kindes abbilden und die ihn oder sie mit Sicherheit interessieren werden.

Mit spannenden Fakten aus den Bereichen Technik, Natur, Tierwelt, Geschichte und vielen mehr wird auch der größte Diktat-Muffel dazu animiert, mitzumachen. Aber auch viele lustige Texte mit witzigem Inhalt erwarten Sie und Ihr Kind.

Fünf Minuten sind ein guter Zeithorizont für Kinder in diesem Alter, um angemessene Lernfortschritte erzielen zu können: Ausreichend lang, um ein gutes Konzentrationsniveau herzustellen und nicht zu lang, um Ihr Kind nicht zu überfordern.

Außerdem sind fünf Minuten ein realistischer zeitlicher Rahmen, für den man eigentlich immer Zeit findet.

Die Diktate lassen sich also gut in den Alltag Ihres Kindes einbauen und stellen eine willkommene Abwechslung zu anderen Lernmethoden dar.

Dieses Buch ist so gestaltet, dass Ihnen zu Beginn erklärt wird, warum Diktate so eine tolle Methode sind, um Ihr Kind bestmöglich zu fördern, anschließend wird Ihnen aufgezeigt, wie die optimalen Rahmenbedingungen für ein möglichst reibungslos ablaufendes Diktat aussehen und Sie werden sinnvolle Tipps und Tricks erfahren, wie Sie Ihrem Kind die Texte am besten diktieren können.

Anschließend habe ich Übungen zu den wichtigsten Rechtschreibregeln für Ihr Kind vorbereitet.

Der Hauptteil beinhaltet 120 Diktate, die jeweils ungefähr fünf Minuten dauern werden und die unterschiedlichsten Themen behandeln.

Ich habe die Diktate für Sie so sortiert, dass nach und nach verschiedene Bereiche der deutschen Rechtschreibung abgearbeitet werden, die besonders schwierig sind.

Je nachdem, wo Ihr Kind den größten Lernbedarf hat, können Sie ganz gezielt die entsprechenden und passenden Diktate heraussuchen.

Natürlich können und sollten Sie die passenden Diktate ganz nach Bedarf aussuchen und nicht stumpf ein Diktat nach dem anderen durcharbeiten.

Ich wünsche Ihnen viele lehrreiche Momente gemeinsam mit Ihrem Kind und auf jeden Fall ganz viel Spaß mit den spannenden Texten!

Vielleicht erfahren Sie ja auch den einen oder anderen neuen Fakt, der Sie faszinieren wird.

Fangen wir an!

Herzlichst

Ihre Susanne Rosenberg

Was die Vorteile von Diktaten für Ihr Kind sind und wieso Sie sie regelmäßig durchführen sollten

Was genau sind die Vorteile von Diktaten und wieso sollten Sie sie regelmäßig mit Ihrem Kind durchführen?

Genau das werde ich Ihnen in diesem Kapitel erklären.

Zugegeben: In den letzten Jahren wurde der Sinn von Diktaten häufig sehr kontrovers diskutiert und es haben sich immer wieder Gegner mit Argumenten gegen Diktate zu Wort gemeldet. Wenn Diktate jedoch richtig umgesetzt werden, können wir all diese Argumente entkräften.

Zuerst einmal: Diktate führen dazu, dass die Aufmerksamkeit und Konzentration Ihres Kindes gefördert wird.

Je nach Form des Diktates (dazu im nächsten Kapitel mehr) können auch weitere Kompetenzen trainiert werden. Wenn Sie immer wieder verschiedene Formen von Diktaten durchführen, wird bei Ihrem Kind auch keine Langeweile aufkommen.

In jedem Fall wird die Rechtschreibkompetenz Ihres Kindes gefördert, auch die Zeichensetzung wird trainiert und je nach ausgewähltem Text können Sie den Wortschatz Ihres Kindes gezielt vergrößern.

Wenn die Texte gut ausgewählt werden, wird sich auch die Formulierungsfähigkeit Ihres Kindes verbessern, der gesamte Stil ebenso.

Als Soft Skills werden gezielt Schnelligkeit und Gewissenhaftigkeit beim Schreiben gefördert.

Wenn Ihr Kind anschließend den Text selbst korrigieren soll, wird er oder sie außerdem lernen, mit Fehlern umzugehen und sie zu berichtigen.

Außerdem können Sie die Texte für die Diktate so auswählen, dass Ihr Kind zu den bereits genannten Kompetenzen ebenfalls sein oder ihr Wissen vertieft: Wählen Sie Texte aus, in denen Themen aus dem Sachunterricht besprochen werden, so wird Ihr Kind in doppelter Hinsicht dazulernen können.

Als Nachteil eines Diktats wird häufig ins Feld geführt, dass es für Kinder schwierig wird, wenn der Lehrer oder die Lehrerin zu schnell oder zu undeutlich diktiert. Außerdem wenn es zu wenig Zeit für die anschließende Kontrolle gibt oder wenn der/die Schüler_in sich nicht konzentrieren kann oder zu langsam beim Schreiben ist.

All diese Punkte können Sie jedoch zuhause umgehen: Sie können Ihr Tempo dem Ihres Kindes anpassen und darauf achten, deutlich zu diktieren.

Für eine störungsfreie Atmosphäre sind Sie ebenfalls verantwortlich - gestalten Sie das Umfeld ruhig und konstruktiv, damit Ihr Kind sich bestmöglich konzentrieren kann.

Sie haben es also selbst in der Hand, Diktate zuhause so zu gestalten, dass Ihr Kind definitiv davon profitieren wird!

Als letzten Punkt möchte ich anführen, dass sich das Vertrauensverhältnis zwischen Ihnen und Ihrem Kind durch Diktate nachweislich verbessern wird: Wenn Sie Ihrem Sohn oder Ihrer Tochter einen Text diktieren, wird er oder sie sich dabei ganz auf Sie verlassen und einlassen müssen.

Diktate können also auch ein tolles gemeinschaftliches Erlebnis zwischen Eltern und Kind sein.

Wie Sie Diktate richtig vorbereiten können

Vorbereitung ist häufig die halbe Miete. So ist es auch bei Diktaten!

Wie bereits angemerkt, sind Sie als Elternteil dafür zuständig, eine Atmosphäre zu schaffen, in der Ihr Kind konzentriert arbeiten und lernen kann.

Wie genau Sie diese Atmosphäre für Ihr Kind vor einem Diktat schaffen können, erkläre ich Ihnen in diesem Kapitel.

Achten Sie auf die richtige Zeit!

Wenn Sie ein Diktat für Ihr Kind vorbereiten, sollten Sie darauf achten, dass der Zeitpunkt ein passender ist.

Achten Sie darauf, dass der von Ihnen ausgewählte Zeitpunkt mit dem Biorhythmus Ihres Kindes übereinstimmt: Es ist nicht zielführend, wenn Sie ein Diktat durchführen wollen, wenn Ihr Kind abends völlig übermüdet ist oder gerade sein oder ihr Mittagstief hat.

Wichtig ist auch, dass Sie ausreichend Zeit einplanen und nicht „mal schnell zwischen Tür und Angel" mit einem Diktat anfangen.

Für ein 5-Minuten-Diktat sollten Sie mindestens eine Viertelstunde einplanen, damit auch angemessen korrigiert und die Fehler besprochen werden können.

Achten Sie also auf einen passenden Zeitpunkt, um optimale Lernergebnisse erzielen zu können.

Suchen Sie das passende Diktat heraus!

Sie sollten sich nicht irgendeinen Text heraussuchen, sondern darauf achten, dass er zu den aktuellen Bedürfnissen Ihres Kindes passt. Fragen Sie im Zweifelsfall die Lehrkraft Ihres Kindes, wo die aktuellen Baustellen sind.

Achten Sie außerdem darauf, dass der Text kindgerecht und interessant ist, um das Interesse Ihres Kindes zu wecken und die Motivation zu erhöhen.

Sie können sicher sein, dass die Diktate in diesem Buch allesamt kindgerecht und für Kinder möglichst interessant gestaltet sind.

Entscheiden Sie sich auch direkt zu Beginn für die passende Form von Diktat: Es gibt viele verschiedene Möglichkeiten, Diktate abzuhalten, vom klassischen Diktat bis hin zum Taucherdiktat.

Überlegen Sie sich, welche Form am besten zu Ihrem Kind und dessen Bedürfnissen passt.

Bereiten Sie sich dann dementsprechend vor und drucken Sie den Text für das Diktat aus und verteilen Sie ihn je nach Form des Diktats entweder im Raum oder behalten ihn bei sich selbst.

Achten Sie auf eine ruhige Umgebung!

Damit Ihr Kind sich auch gut konzentrieren kann, sollten Sie darauf achten, eine ruhige Arbeitsatmosphäre zu schaffen.

Ihr Kind sollte die Diktate auf einem ergonomischen Stuhl an seinem oder ihrem Schreibtisch durchführen, nicht abgelenkt werden und bei der Sache sein können.

Verbannen Sie Handys und Co aus der Nähe Ihres Kindes, achten Sie auf eine angemessene Beleuchtung und sorgen Sie dafür, dass Ihr Kind weder Hunger noch einen zu vollen Bauch hat.

Achten Sie auf die Bedürfnisse Ihres Kindes!

Sorgen Sie dafür, dass die Bedürfnisse Ihres Kindes erfüllt werden. Sie sollten niemals eine ganze Stunde am Stück mit Kindern in diesem Alter arbeiten oder sie unter Druck setzen.

Achten Sie darauf, dass die kindlichen Bedürfnisse erfüllt werden und Ihr Kind sich während des Diktates wohl fühlt.

Sorgen Sie für Motivation und Lob!

Motivieren Sie Ihr Kind zu Diktaten, indem Sie ihm oder ihr erklären, warum diese Form der Übungen so wertvoll und wichtig ist.

Erklären Sie Ihrem Kind, dass Diktate eine gute und solide Basis für seine oder ihre Zukunft legen.

Wenn das Diktat erfolgreich durchgeführt wurde, können und sollten Sie Ihr Kind auch dafür belohnen: Natürlich nicht immer auf materieller Ebene, aber auf jeden Fall stets mit Anerkennung und Lob.

Die Arbeit soll sich für Ihr Kind auszahlen und er oder sie soll wissen, dass die Zeit gut investiert ist.

Wie sie richtig diktieren können

Es gibt verschiedene Möglichkeiten, Diktate durchzuführen: Sei es das ganz klassische Diktat, das Sie sicherlich noch aus Ihrer eigenen Schulzeit kennen oder innovative und besonders spannende Formen wie zum Beispiel Laufdiktate, Taucherdiktate oder Stille-Post-Diktate.
Je nach Diktatform werden nicht nur die Rechtschreibkompetenzen Ihres Kindes geschult, sondern auch die Konzentration oder das Gedächtnis.

Ich werde Ihnen in diesem Kapitel verschiedene Formen von Diktaten vorstellen und Ihnen erklären, wie Sie sie am besten umsetzen können.

Das klassische Diktat ist Ihnen sicherlich bekannt und auch das erste, was Ihnen in den Kopf kommt, wenn Sie das Wort „Diktat" hören.
Hier lesen Sie Ihrem Kind einen kurzen Text vor, den er oder sie dann aufschreibt, ohne ihn gelesen zu haben.
Gehen Sie am besten so vor, dass Sie den gesamten Text an einem Stück in einem angemessenen Tempo vorlesen und anschließend Satz für Satz vorgehen und Ihrem Kind dabei genügend Zeit lassen, die Sätze aufzuschreiben. Am Ende sollten Sie den Text erneut in einem Rutsch vorlesen, damit Ihr Kind etwaige Fehler aufspüren kann.

Laufdiktate sind eine tolle Möglichkeit für Kinder mit einem hohen Bewegungsdrang: Hier wird der Text in kleine Abschnitte unterteilt, die im Raum verteilt werden. Das Kind muss dann von seinem Platz zu den verschiedenen Stationen laufen, um den Textinhalt zu verinnerlichen. Nachdem das Kind sich den Text eingeprägt hat, geht es zurück an seinen Platz, um dort den Text aufzuschreiben. Hier wird zusätzlich besonders die Merkfähigkeit des Kindes trainiert.

Bei einem Taucherdiktat verhält es sich ähnlich: Der abzuschreibende Text wird mit Klebeband unter den Schreibtisch des Kindes geklebt und es muss immer wieder „abtauchen", um den Text lesen und abschreiben zu können.

Ein Stille-Post-Diktat bedeutet, dass Sie Ihrem Kind einen Teil des Textes ins Ohr flüstern und er oder sie den Text dann aufschreiben muss.

Hier wird zusätzlich zu den Rechtschreibfähigkeiten Ihres Kindes auch die Hörfähigkeit trainiert.

Diese Formen sind jedoch nur einige wenige Beispiele: Es gibt schier unendlich viele verschiedene Möglichkeiten, Diktate zu gestalten.

Werden Sie selbst kreativ und überlegen Sie sich neue Diktatformen oder schauen Sie im Internet nach: Sie werden bestimmt viele abwechslungsreiche Möglichkeiten finden, um Ihrem Kind Diktate schmackhaft machen zu können!

Bonus: Übungen zu den wichtigsten Rechtschreibregeln

Als besonderen Bonus habe ich für Sie und Ihr Kind noch Übungen zu den wichtigsten Rechtschreibregeln vorbereitet.

Sie können die Übungen auch als Vorbereitung auf die entsprechenden Diktate sehen.

Erst wird die Anwendung der Regeln geübt, anschließend im Diktat gefestigt.

Klingt gut, oder?

Regeln zu Lauten und Buchstaben

Da die deutsche Sprache historisch gewachsen ist und seit Jahrhunderten vielfältigen Einflüssen ausgesetzt ist, entspricht ein Laut nicht immer exakt einem Buchstaben. In der deutschen Sprache ist es deshalb so, dass es für viele Bereiche gar keine wirklichen Regeln gibt, sondern einfach die richtige Schreibweise eines Wortes erlernt werden muss. Als Beispiel: Der lang ausgesprochene Laut a kann entweder einfach mit einem a, mit einem aa oder sogar mit einem ah wiedergegeben werden.

Es gibt schlichtweg keine Regel, wann ein langes a wie geschrieben werden muss.

Deswegen kann ich Ihnen in diesem Kapitel auch nicht zu allen Bereichen, die die Diktate abdecken, Regeln vorstellen. Leider existieren an einigen Stellen einfach keine Regeln.

Die s-Schreibung:

Ein scharfes s, also ein ß, wird nur verwendet, wenn vorher ein langer Vokal oder ein Doppellaut steht.

Als Beispiel:

Das Maß, die Maßnahme, die Straße, gießen, der Fuß

Wenn vorher ein kurzer Vokal steht, wird hingegen ein doppeltes s verwendet.

Als Beispiel:

Der Fluss, das Wasser, der Schuss, das Fass, der Schluss

Wie Sie die Regel mit Ihrem Kind üben:

Lassen Sie Ihr Kind jeweils zu beiden Varianten, also zu ss und ß, mindestens fünf verschiedene Wörter aufschreiben.

Erklären Sie Ihrem Kind jeweils, wieso welche Form des scharfen s verwendet wird.

Wenn Ihr Kind die Regel mit dem langen Vokal vor dem ß verstanden hat, werden in Zukunft deutlich weniger Fehler in diesem Bereich passieren.

Die Verdopplung von Konsonanten nach einem kurzen Vokal:

Nach einem kurzen Vokal werden Konsonanten in aller Regel verdoppelt.

Hier einige Beispiele:

Ass, Karamell, nummerieren, Tipp

Wie Sie diese Regel mit Ihrem Kind üben:

Nehmen Sie das Lieblingsbuch Ihres Kindes und suchen Sie in einem Absatz gemeinsam alle Wörter heraus, auf die diese Regel zutrifft. (Das Wort „zutrifft" ist auch so ein Fall!)

Dann schreibt Ihr Kind diese Wörter auf und erklärt Ihnen bei jedem der Wörter, warum sie so geschrieben werden.

Danach sitzt die Regel. Garantiert!

Die Umlautschreibung:

Wenn ein Wort von einem anderen Wort abgeleitet wird, in dem ein a vorkommt, wird in dem abgeleiteten Wort ein ä anstelle eines e verwendet.

Kurze Beispiele dazu:

    schnäuzen (kommt von Schnauze)

    Stängel (kommt von Stange)

    aufwändig (kommt von Aufwand)

    überschwänglich (kommt von Überschwang)

So üben Sie gemeinsam mit Ihrem Kind:

    Suchen Sie gemeinsam Wörter heraus, in denen ein a vorkommt und leiten Sie daraus Wörter mit einem Umlaut ab. Zum Beispiel: Hand -> händisch, Wand -> Wände, Gans -> Gänse

So wird Ihr Kind die Regel garantiert schnell verstehen!

Die richtige Schreibung von Fremdwörtern:

Einige Fremdwörter werden an das Deutsche angepasst, wenn sie in die Sprache übernommen werden.

Als Beispiel werden Wörter, die in anderen Sprachen mit ph, th und rh geschrieben werden zu f, t, und r.

Zum Beispiel: Mikrofon statt Mikrophon, Fotokopie statt Photokopie, Grafiker statt Graphiker.

Wörter, die aus der englischen Sprache stammen und die auf y enden, bekommen ein Plural-s, wie es im Deutschen normalerweise der Fall ist, angehängt.

Zum Beispiel: die Lobbys (statt the lobbies), die Hobbys (statt the hobbies), die Babys (statt the babies).

Das sind nur einige wenige Beispiele dafür, wie Wörter „eingedeutscht" werden.

So üben Sie mit Ihrem Kind:

Suchen Sie gezielt nach einem Text mit vielen Fremdwörtern. Schauen Sie sich gemeinsam an, warum diese Wörter so geschrieben werden.

Wenn Ihr Kind ganz besonders großes Interesse daran zeigt, dann können Sie auch in fremdsprachigen Texten schauen, wie die Wörter dort geschrieben werden. Spannend, oder?

Regeln zur Groß- und Kleinschreibung

Generell gibt es in der deutschen Sprache vier verschiedene Bereiche, in denen Wörter großgeschrieben werden: Die Substantive und Substantivierungen, Eigennamen, die höfliche Anrede und Satzanfänge.

Substantive und Nominalisierungen

Substantive werden grundsätzlich großgeschrieben. Als Faustregel gilt immer, dass Substantive Wörter sind, die Dinge bezeichnen, die man anfassen kann. Zum Beispiel die Tür, das Fenster, die Lampe, der Stock.

Aber auch alle Menschen und Tiere: Der Mann, der Schornsteinfeger, die Katze, der Hund, die Spinne.

Es gibt auch viele Substantive, die man nicht anfassen kann. Zum Beispiel: Die Liebe, der Hass, die Sonne, das Nichts.

Auch Tageszeiten und generell Zeitangaben werden großgeschrieben: Heute Morgen, gestern Abend, morgen Mittag.

Ordnungszahlen werden ebenfalls großgeschrieben: Der Erste, der Zweite, der Dritte.

Üben Sie mit Ihrem Kind: Versuchen Sie, gemeinsam so viele Substantive zu finden, die man nicht anfassen kann, wie möglich!

Nominalisierungen werden auch großgeschrieben.

Finden Sie doch einmal gemeinsam mit Ihrem Kind möglichst viele davon.

Wer findet die meisten?

Zum Beispiel: Das Lachen, das Strahlen, das Weinen, das Rennen, das Essen, das Schwimmen.

Aus jedem Verb lässt sich eine Nominalisierung machen, die großgeschrieben wird. Probieren Sie es aus!

Bei Eigennamen

Auch Eigennamen werden großgeschrieben.

Der Heilige Abend, der Rote Milan, der Erste Bürgermeister, der Westfälische Frieden.

Wenn ein Adjektiv fest zu einem feststehenden Begriff gehört, wird es großgeschrieben.

Überlegen Sie doch einmal gemeinsam mit Ihrem Kind, welche Eigennamen es kennt und wie diese dann geschrieben werden.

(Tipp: Beginnen Sie am besten mit Straßennamen! Die werden immer großgeschrieben. Zum Beispiel: Alte Bahnhofsstraße, Am Drehkreuz etc. Das sind alles Eigennamen! Danach werden Ihrem Kind noch viele weitere einfallen!)

Die höfliche Anrede

Bei der höflichen Anrede wird auch großgeschrieben.

Die Pronomen Sie, Ihnen, Ihr, Ihren werden großgeschrieben. Du, dein, euer etc. jedoch nicht.

Wie Ihr Kind das üben kann?

Suchen Sie aus Ihrer eigenen Post doch mal einen förmlichen Brief an sich selbst heraus. Jetzt kann Ihr Kind sich an einem ganz praktischen Beispiel anschauen, wie die Großschreibung hier funktioniert.

Bei Satzanfängen

An Satzanfängen wird auch grundsätzlich großgeschrieben. Es ist egal, ob der vorherige Satz mit einem Punkt, einem Fragezeichen oder einem Ausrufezeichen geendet hat.

Es wird hier grundsätzlich großgeschrieben!

So üben Sie diese Regel mit Ihrem Kind:

Geben Sie Ihrem Kind einen Text Ihrer Wahl, auch gerne eines der Diktate hier im Buch. Dann kann Ihr Kind jeden Satzanfang in dem Text markieren und feststellen, dass hier großgeschrieben wird.

Regeln zur Zusammenschreibung von Wörtern

Wenn zusammengesetzte Wörter untrennbar miteinander verbunden werden, werden sie zusammengeschrieben.

Beispiele: schlafwandeln, brandmarken, handhaben, wetteifern

Wie viele dieser Kombinationen kennt Ihr Kind? Suchen Sie gemeinsam nach weiteren!

Gib alles, nur nicht auf!
Tay Schmedtmann

Wie Sie Ihr Kind zu Diktaten motivieren können

Ein Problem, mit dem sich viele Eltern konfrontiert sehen: Das Kind möchte einfach nichts für die Schule machen.

Das liebevoll vorbereitete Diktat wird mit Missachtung gestraft, es kommt zu Streit und die Stimmung ist im Keller.

Grundschulkinder kann man auch kaum mit Sprüchen wie „Schule ist wichtig für deine Zukunft! Damit du später einen guten Job findest und viel Geld verdienst!" locken. Dafür ist das Erwachsenenleben einfach noch zu abstrakt.

Deswegen habe ich hier die besten Tipps und Tricks zusammengestellt, die Ihnen dabei helfen werden, Ihr Kind zu Diktaten zu motivieren.

Die Ratschläge eignen sich aber auch für jeden anderen Lerninhalt. Sie können sie auch anwenden, wenn es um die Mathehausaufgaben geht.

Je früher Sie damit anfangen, Ihr Kind zu motivieren, desto besser: Wenn in der Grundschulzeit gute und nachhaltige Lernmethoden verinnerlicht werden, ist die Wahrscheinlichkeit hoch, dass die Motivation auch die restliche Schulzeit über bestehen bleiben wird.

Fangen wir an!

Tipp 1: Schaffen Sie ein gutes Lernklima!

Kinder, die sich wohlfühlen, kann man leichter motivieren, zu lernen und sich mit dem Schulstoff zu beschäftigen.

Das geht nicht nur Kindern so: Wahrscheinlich kennen Sie das auch von sich selbst.

Beginnen Sie den Tag damit, dass Sie sich gemeinsam Zeit für ein gesundes und leckeres Frühstück nehmen. Ermöglichen Sie Ihrem Kind viel Schlaf und Bewegung.

Sorgen Sie dann noch dafür, dass Ihr Kind eine aufgeräumte und ruhige Lernumgebung am Arbeitsplatz hat und Sie haben einen wichtigen Baustein für die Motivation Ihres Kindes geschaffen.

Tipp 2: Finden Sie die richtigen Anreize!

Formulieren Sie die Lernziele Ihres Kindes so, dass er oder sie sie gut nachvollziehen kann und sich damit selbst zum Lernen motivieren kann. Zum Beispiel: „Wer gut in Diktaten ist, kann später leichter Autor oder Journalist werden!"

Tipp 3: Machen Sie die Schule nicht zum Hauptthema in Ihrer Familie!

Es ist absolut lobenswert, dass Sie Zeit und Arbeit investieren, um gemeinsam mit Ihrem Kind zuhause Diktate durchführen zu wollen.

Dennoch sollte die Schule und alles, was damit zusammenhängt, nicht das Hauptthema in der Familie sein. Wenn ständig nur über Schule und Lernen gesprochen wird, sinkt die Motivation Ihres Kindes immer weiter.

Tipp 4: Sorgen Sie für Pausen zwischen den Lerneinheiten!

Sie sollten Ihrem Kind zwischen den Diktaten, oder zwischen dem Diktat und der Korrekturzeit, ausreichend Zeit zur Regeneration lassen.

Nur wer ausgeruht ist und noch Kapazitäten im Kopf frei hat, lässt sich motivieren.

Gehen Sie mit Ihrem Kind an die frische Luft und bieten Sie ausreichend Wasser und gesunde Snacks an.

Tipp 5: Fördern Sie die Selbstbestimmtheit Ihres Kindes!

Geben Sie Ihrem Kind die Möglichkeit, aktiv die Lernzeiten mitzugestalten! Ihr Kind möchte Diktate zu einem bestimmten Thema durchführen? Dann suchen Sie ein passendes heraus oder verfassen Sie selbst eins.

Wenn Ihr Kind aktiv miteinbezogen wird, stärkt das auch sein oder ihr Selbstbewusstsein.

Tipp 6: Achten Sie auf Ihre Wortwahl!

Sprechen Sie nicht immer von Diktaten oder vom Lernen.

Erklären Sie Ihrem Kind lieber, dass Sie sich jetzt gemeinsam mit spannenden Texten beschäftigen und Dinge herausfinden und entdecken.

Wenn Sie weniger negativ konnotierte Wörter verwenden, steigert das die Motivation enorm!

Tipp 7: Bringen Sie die Diktate beiläufig in den Alltag ein!

Wie wäre es, wenn Sie Diktate jeweils passend zu bestimmten Situationen auswählen (oder sogar selbst verfassen)?

Wenn Sie gerade in der Küche sind und kochen, können Sie ein Diktat auswählen, in dem die wichtigsten Wörter rund um Lebensmittel vorkommen.

Klingt gut? Ist es auch!

Tipp 8: Zeigen Sie Ihrem Kind, dass Sie an ihn oder sie glauben!

Stärken Sie Ihrem Kind den Rücken und das Selbstbewusstsein und zeigen Sie ihm oder ihr, welche Lernfortschritte er oder sie macht und dass es vorangeht! Sorgen Sie für Erfolgserlebnisse, die Ihrem Kind das Gefühl geben, dass die Arbeit sich auszahlt.

Pflegen Sie einen wertschätzenden und anerkennenden Umgang mit Ihrem Kind, so wird Ihr Kind auch ein größeres Selbstwertgefühl bekommen.

Vermeiden Sie, Süßigkeiten, Fernsehen und Handys als Motivation einzusetzen. Motivation muss von innen kommen! Wenn Sie immer von außen motivieren, wird die eigene Motivation Ihres Kindes immer weiter abnehmen.

Tipp 9: Loben Sie Ihr Kind richtig!

Loben Sie Ihr Kind nicht nur für Erfolgserlebnisse, sondern auch für Mühen und Anstrengungen.

Wenn Sie Ihr Kind immer nur loben, wenn ein Diktat fehlerfrei war, demotiviert das.

Loben Sie besser immer dann, wenn Sie merken, dass Ihr Kind sich richtig angestrengt hat, konzentriert und bemüht war.

Tipp 10: Erstellen Sie einen Lernplan!

Für viele Kinder ist es motivierend, einen Lernplan oder eine To-Do-Liste abzuarbeiten. Wenn jeden Tag so ein kleines Ziel oder eine Etappe erreicht wird, ist das ein großer Motivationsbooster.

Schreiben Sie beispielsweise am Sonntag einen Lernplan für die Woche:

Montag: Diktat mit ie und i

Dienstag: Diktat mit Fremdwörtern

etc.

Halt den Kopf hoch,
da oben ist die Luft besser.
Unbekannt

120 5-Minuten-Diktate mit verschiedenen Schwerpunkten

a, aa, ah

Beginnen wir ganz am Anfang des Alphabets: Und zwar mit der Unterscheidung zwischen a, aa und ah.

Der Besuch im Zoo

Jedes Jahr im Sommer fahren die dritte und die vierte Klasse unserer Schule gemeinsam in den Zoo.

Genau wie heute. Heute ist ein schöner Tag und die Sonne strahlt am Himmel. Alle Klassen fahren zusammen mit der Bahn.

Ein paar von uns dürfen sogar ganz nach vorne zum Zugführer und ihm beim Fahren zugucken.

Um ein Haar hätten zwei Kinder den Ausstieg verpasst.

Im Zoo sind ganz viele Tiere zu sehen. Manche sind zahm und dürfen berührt werden, zum Beispiel die Ziegen.

Andere sind gefährlich, zum Beispiel die Vogelspinne und der Löwe.

Manche sind lustig, zum Beispiel die Affen, die unsere Grimassen nachahmen.

Aarons Ferien auf dem Bauernhof

In diesem Sommer verbringt Aaron ein paar Tage auf einem Bauernhof. Dafür reist er in einem Wagen mit der Eisenbahn. Die Fahrt ist lang, deswegen möchte er danach duschen, seine Haare waschen und ausschlafen.

Morgens weckt ihn aber der Hahn vom Bauernhof. Zum Frühstück bekommt Aaron einen großen Kakao mit Sahne.

Danach geht Aaron mit einem alten Kahn große Aale angeln. Aus den Aalen kocht die Bäuerin ein leckeres Mahl. Im gemütlichen Speisesaal ist der Tisch für alle Gäste gedeckt. Das Essen füllt Aarons Magen schnell.

Nach dem Essen geht Aaron zu den Kühen. Sie sind zahm und bringen viele Kilos auf die Waage.

Die Auswahl der Berufe

Der Maler möchte viele Bilder über verschiedene Berufe malen. Zum Beispiel den Müller, der das Korn zu Mehl mahlt. Oder den Zauberer, der eine Glückszahl aus dem Hut zaubert.

Die Frau auf dem Markt wiegt ihr Gemüse auf einer Waage. Und ein Taxifahrer fährt seine Gäste mit seinem gelben Wagen durch die große Stadt.

Der Zuckerbäcker backt eine Torte und füllt sie mit Sahne. Die Lehrerin ermahnt ihre lauten Schüler zu mehr Aufmerksamkeit. Der Fischer fängt frische Aale und die Verkäuferin zeigt die Auswahl an Fischen.

aa, ee, oo

Jetzt üben wir die Verwendung der Doppelvokale aa, ee und oo. Keine Sorge, ich habe das uu und das ii nicht vergessen, diese Kombination kommt in der deutschen Sprache einfach so gut wie nie vor.

In der Konditorei

In der Nähe des Bootsanlegers auf der kleinen Insel im großen Meer gibt es eine Konditorei. Dort gibt es leckere selbstgemachte Erdbeertorte mit viel Sahne. Lecker sind auch die Plätzchen mit Himbeergelee und weißer Schokolade. Die Erdbeeren wachsen in einem großen Beet direkt neben dem Laden. Dort gibt es auch ein großes Moor an einer Teerstraße. Der Konditor verkauft außerdem noch Kaffee, Kakao, Tee, Limonade und Wasser. Deswegen ist dort immer viel los und es ist niemals leer.

Nur am Montag hat der Laden geschlossen. Das finden alle Leute sehr doof.

Die geheimen Seeungeheuer

Ich bin mit meinem Vater am Wochenende auf dem See unterwegs. Wir haben uns ein Segelboot geliehen. Ich frage meinen Vater, ob es in dem See auch Seeungeheuer gibt. Ich habe große Angst davor. Aber Papa lacht nur und sagt, dass es nur ein paar Aale in dem See gibt.

Ich frage ihn, was Aale sind. Ich kenne sie nämlich nicht.

Aale sehen so ähnlich aus wie Schlangen! Schlangen kenne ich, die habe ich beim letzten Besuch im Zoo gesehen.

Auf der Naturwiese

Die Wiese beim See ist voller Moose, Klee, Kräuter und Löwenzahn. Im Frühling ist dort auch eine riesige Armee von Bienen unterwegs, um die Blüten zu bestäuben.

Im Sommer sind viele Schmetterlinge auf der Wiese, die wie bunte Feen aussehen.

Ab und zu pflücken manche Leute an den Büschen wilde Brombeeren, die sehr lecker sind. Daraus machen sie ein Püree oder Marmelade. Das wird schnell aufgegessen.

Wenn Herbst ist, können die Kinder aus dem Dorf auf der Wiese spielen und ihre Seele baumeln lassen.

Im Winter fällt weißer Schnee auf die Wiese und bedeckt die friedliche Wiese mit einer weißen Decke.

ai, ei

Wann wird ai verwendet und wann das ei? Beides wird gleich ausgesprochen. Üben wir diese sprachliche Herausforderung doch gemeinsam mit Ihrem Kind.

Der Ausflug

Gestern war ich unterwegs, dabei habe ich Seitenstechen bekommen. Weil Mai ist, blühen die Blumen auf den Weiden und die Blätter an den Zweigen. Ich bin an Schweinen vorbeigekommen, die mit Mais gefüttert werden.

Ich bin an der Bäckerei vorbeigelaufen, wo der Teig für viele Brotlaibe vorbereitet wird.

Dann habe ich noch das Waisenhaus gesehen und bin schließlich nach Hause gekommen.

Die Geschichtsstunde

In einem Geschichtsbuch haben wir meistens viele Seiten, Zeilen und auch einzelne Wörter.

Ich bin geizig, deswegen kaufe ich mir kein Buch, sondern leihe es mir aus.

In dem Buch steht: Der Kaiser konnte Geige spielen, dabei ist ihm eine Saite gerissen.

Danach wollte der Kaiser zur heiligen Messe gehen und beichten.

Dort wollte er sein Schweigen brechen und um Verzeihung bitten.

Die Reise

Ich werde das erste Mal für eine Weile alleine verreisen. Es geht nach Thailand.

Ich esse dort Reis, den kann man auf viele Arten und Weisen zubereiten.

Ich sehe viele Tiere: Haie schwimmen im Meer, aber Ameisen leben in der Erde.

Für Laien ist das Baden mit den Haien eher nicht geeignet.

b, p

Wann am Ende eines Wortes b oder p verwendet wird, ist vielen Schülerinnen und Schülern nicht klar.

Es gibt jedoch eine einfache Möglichkeit, die richtige Lösung herauszufinden: Lassen Sie Ihr Kind einfach den Plural des Wortes bilden, so wird schnell klar, welcher Buchstabe hier der richtige ist.

Üben wir gemeinsam die richtige Anwendung in Diktaten!

In der polnischen Bäckerei

Unser Brot, unsere Brötchen, den Kuchen und auch Plätzchen kaufen wir in der polnischen Bäckerei. Die befindet sich ganz nah beim Postamt. Der Bäcker ist ein sehr netter und dicker Mann mit runden Pausbacken. Wenn der Postbote Pakete verteilt, kauft er sich dort in der Bäckerei immer zwei belegte Brote.

Mein Bruder und ich kaufen uns in der Bäckerei jeden Morgen unsere Pausenbrote. Meine Mutter liebt den Butterkuchen aus der Bäckerei und mein Papa kennt den Besitzer der Bäckerei schon lange.

Sie sind beide in Polen geboren worden und haben dort immer als Kinder zusammen gespielt. Meistens im Park bei den Birnbäumen.

Die Puppenstube brennt

Mein Bruder und ich haben leider nur ein gemeinsames Zimmer zum Spielen. In dem Zimmer stehen mein Puppenhaus und seine Eisenbahn. Wir haben heute Besuch von Bianca und von Peter. Wir wollen zusammen Bilder malen und Puppen aus Papier basteln. Aber mein Bruder hat eine blaue Kerze angezündet.

Das Papier fängt plötzlich an zu brennen und auch der Balkon der Puppenstube. Mein Bruder holt aber schnell die Spritze für die Blumen aus dem Bad.

Damit pumpt er schnell Wasser auf das brennende Haus und löscht den Brand. Wir sind dann alle beruhigt.

Der Dieb im Obstfeld

Es war einmal ein Dieb. Der Dieb hatte einen Korb und ging damit ins Obstfeld. Dort waren alle Äpfel gelb. Aber der Dieb kletterte dennoch auf einen Baum, um einen der gelben Äpfel einzupacken. Er packte präzise einen der Äpfel und polterte danach die Leiter herunter.

Er fand das sehr lustig und prustete lauthals los. Die Äpfel packte er noch ein und verschwand bald vom Feld.

ck, k

Wann wird ein k und wann ein ck verwendet? Üben wir es doch gemeinsam.

Der Dackel

Vor kurzer Zeit bekam ich von meiner Mutter einen kleinen und dicken Dackel geschenkt. Ich kümmere mich gut um ihn, gebe ihm Wasser und leckeres Futter. Der Dackel weckt mich morgens und ich denke den ganzen Tag an ihn.
Wir gehen viel spazieren und er läuft hinter Hecken lang und sucht Insekten. Er mag gerne Heuschrecken.
Dackel haben Angst vor dunklen Wolken und Gewittern.

Nelken für Veronikas Oma

Die Lokomotive fährt mit dem Zug ganz langsam im Schneckentempo in den Sackbahnhof ein.
Veronika hat sogar extra einen Strauß mit Nelken gekauft, weil Oma die so gerne mag. Damit die schönen Blumen nicht welk werden, hat Veronika sie mit vielen feuchten Tüchern eingewickelt.
Oma guckt sogar schon durch die Luke in den Zug hinein und winkt.
In ein paar Sekunden wird der Zug stoppen und Veronika wird endlich ihre Oma erblicken.
Sie trägt den Koffer geschickt nach draußen und freut sich, dass sie so gelenkig ist.

Hanna hat Rückenschmerzen

Hanna klingelt mit der elektronischen Glocke an der Arztpraxis. Sie geht zum Doktor, weil ihre Mutter sie dorthin geschickt hat. Denn sie hat Rückenschmerzen und hinkt. Sie guckt sich im Wartebereich um. Als ihre Nummer blinkt, ist sie an der Reihe. Der Doktor untersucht Hanna, blickt ihr mit einer Lampe in die Augen und erkundigt sich, warum sie da ist.
Danach legt sie sich auf eine Liege mit einem weißen Laken und der Arzt untersucht sie weiter. Er bückt sich zu ihr herunter und drückt auf ein paar Punkte auf ihrem nackten Rücken. Das tut Hanna ganz doll weh.
Deswegen bekommt Hanna einen Verband und darf sich für einige Tage nicht mehr bücken.

Der Regentag

Kati spielt draußen mit ihrer Freundin Klara. Es regnet und die beiden sind schnell nicht mehr trocken. Sie rennen um die Ecke, fallen hin und landen im Dreck. Trotz des Schrecks lachen beide. Ihre Jacken sind voll mit dicken Flecken.

Der Dreck lässt sich aber zum Glück gut wieder entfernen.

Der Tag war wirklich schön.

dass, das

Der Unterschied zwischen dass und das ist auch für viele Erwachsene nicht klar. Umso wichtiger ist es, dass Sie Ihrem Kind bereits in der Grundschule beibringen, wann welche Form verwendet wird.

Und wer weiß: Vielleicht lernen ja auch Sie noch etwas dazu…

Der Ausflug ins All

Das Weltall ist der Ort, an dem die Planeten und die Sonne sich bewegen. Es ist sehr weit weg. Kaum zu glauben, dass Menschen mit Raketen und Raumschiffen dort hinfliegen können.

Das ist jedes Mal ein großes Abenteuer, das viel Vorbereitung und Planung benötigt. Immer, wenn ein Raumfahrer das Raumschiff besteigt, ist das ein großer Moment.

Ich freue mich immer darüber, dass ich so etwas miterleben darf.

Das Autorennen

Ich bin am Wochenende mit meiner Familie bei einem Autorennen. Das finde ich sehr aufregend!

Wir wissen, dass wir nicht zu spät kommen dürfen und dass wir genügend Essen und Trinken einpacken müssen.

Ich freue mich schon seit Wochen auf das große Ereignis! Ich kann kaum erwarten, dass das erste Auto an den Start geht.

Das Wattenmeer

Das Wattenmeer ist eine ganz besondere Landschaft. Das Wasser ist dort manchmal weg, kommt aber jedes Mal wieder zurück. Das Meer steht dort unter Schutz, weil es viele seltene Tiere gibt. Ich freue mich, dass ich dort meinen Urlaub verbringen kann. Ich muss aber immer darauf achten, dass ich nicht in das Wasser gehe, wenn es sich verzieht.

Ich bin ganz aufgeregt, dass ich dort morgen eine Wanderung machen darf.

d, dt und t

Ob Wörter mit d, dt oder t enden, ist häufig nicht leicht zu sagen.

Umso besser, dass wir nun gemeinsam die richtige Verwendung dieser Buchstaben(kombinationen) üben.

Das Tandem der beiden Tanten

Zwei sehr dicke Tanten radeln mit ihrem blauen Tandem durch den dunklen Wald. Sie haben bei jedem Wetter ihre drei dicken Hunde dabei. Denn die sollen beim Rennen etwas abnehmen. Leider bekommt das Rad während der Fahrt einen Platten. Das ist großer Mist. Aber die fetten Hunde sind froh über die Rast am Rand.

Dann kommt ein Wildhüter vorbei und repariert das Fahrrad für die dicken Tanten. Als Dank essen die Tanten mit ihrem Helfer ein Stück Sandkuchen.

Danach brausen die beiden Tanten mit ihrem Tandem und den dicken Hunden wieder durch den tiefen und dunklen Wald.

Ausflug in den Wald

Thomas und Klara fahren mit ihrem Fahrrad durch den Wald. Dort ist die Landschaft immer sehr schön. Das finden sie spannend. Sie spielen dort viele Spiele und haben sehr viel Spaß in der Natur.

Sie freuen sich auch darauf, Tiere im Wald zu beobachten. Die meisten Tiere im Wald sind sehr wild und nicht zahm.

Deswegen sollte man die Tiere im Wald lieber in Ruhe lassen. Anders ist das bei Haustieren und Tieren auf dem Bauernhof.

Klara hat sogar ein Pferd, das frisst ihr aus der Hand. Sie ist immer sehr aufgeregt, wenn sie davon erzählt. Deswegen verspricht sie Thomas, ihm das Pferd irgendwann zu zeigen.

Rinderbraten mit Nudeln

An meinem Geburtstag wird immer mein Leibgericht gekocht. Das ist Rinderbraten mit vielen Nudeln dazu.

Und zum Nachtisch gibt es immer entweder Apfelstrudel oder eine frisch gebackene Torte. Alle Kinder, die ich zu mir eingeladen habe, essen das gerne. Und wenn das Wetter schön ist, feiern wir draußen in unserem Garten und spielen viele Spiele. Aber wenn das Wetter nicht mitspielt, wird meine Feier nach drinnen verlegt, das ist auch schön. Da spielen wir dann Tischtennis oder Domino. Papa macht immer gerne Fotos von uns. Die schönsten Bilder hängt er dann später in meinem Zimmer an die Wand.

Unsere neue Wohnung am Stadtrand

Meine Eltern und ich suchen eine neue Wohnung am Stadtrand. Sie sollte unbedingt in der Nähe von Darmstadt sein. Gestern stand im Stadtanzeiger ein interessantes Angebot. Deshalb fahre ich heute zusammen mit meinem Vater auf dem Motorrad dorthin.

Mein Vater lädt noch eben die Batterie für den lauten Motor auf.

Danach nehmen wir unsere Helme aus dem Schrank an der Wand und fahren los.

Wir kennen einen tollen Rundweg zum Haus am Wald. Dort ruhen wir uns an einem wilden Teich aus und essen ein leckeres Picknick.

Als wir an der Wohnung ankommen, warten schon die Verwandten des Besitzers auf uns, während er noch die Koffer aus ihrem Auto auslädt.

Die Kontrolle der Stadtpolizei

Der grüne LKW hat eine große Ladefläche. Und während ein Mann den LKW belädt, sitzt der Fahrer am Rand und trinkt einen schwarzen Kaffee. Der Mann hofft, dass der Fahrer ihn auch auf einen Kaffee einlädt.

Aber er ist mit der Ladung nicht zufrieden und wird wütend. Deswegen soll der Mann die Kisten noch einmal umladen.

Während er die Dinge umlädt, kommt die Stadtpolizei zu einer Kontrolle vorbei.

Der Polizist schaut, ob die Papiere in Ordnung sind, die dem Fahrer zugesandt worden sind. Aber es ist alles in Ordnung und die Fahrt kann bald beginnen.

e, ä

Vielen Kindern fällt es schwer, zu unterscheiden, wann ein e und wann ein ä verwendet wird. Bei manchen regionalen Dialekten besteht auch kaum ein Unterschied in der Aussprache beider Laute.

Ich habe einige Diktate für Sie und Ihr Kind vorbereitet, in denen Sie die richtige Unterscheidung der Laute üben können.

Das Wetter verändert sich

Bei uns in Deutschland gibt es im Winter in den letzten Jahren immer weniger Eis und Schnee. Und noch etwas anderes fällt auf. Die Stürme im Herbst werden immer schwerer und auch häufiger. Dann entwurzeln Bäume und fallen um, wichtige Stromleitungen werden beschädigt und Zugstrecken und Straßen sind für Stunden gesperrt.

Wenn es mehr regnet und Nässe da ist, verursacht das schwere Schäden auf den Feldern. Die Bauern haben dann eine geringere Ernte. Auch die Bäume und Sträucher leiden unter diesem Wetter.

Für uns Kinder sind wärmere Sommer schön, aber auch dann gibt es mehr und stärkeren Regen als früher.

Wenn das Wetter sich so stark über eine längere Zeit ändert, versuchen Forscher, die Gründe dafür zu klären.

Jedes Jahr in Schweden

Mindestens jährlich fährt Michel mit seinem Motorrad in den Urlaub nach Schweden. Er trägt zu seiner Sicherheit und wegen des Lärms im Verkehr immer einen roten Helm. Es geht früh morgens los, wenn der Wecker klingelt. Dann fährt er bis nach Kiel an die Ostsee und setzt mit einer großen Fähre nach Schweden über.

Aber manchmal gibt es dort sehr heftige Wellen, und dann müssen die starken und kräftigen Männer auf der Fähre sein Rad festmachen. Sie machen das täglich und haben deshalb viel Erfahrung darin.

Aber die jüngeren Männer müssen das noch lernen und üben. Wenn Michel in Schweden angekommen ist, warten dort später sogar echte Schwäne auf ihn.

Die Arbeit in Werkstätten

Wenn Handwerker in ihren Werkstätten arbeiten, muss dort kräftig gearbeitet werden. Täglich wird dort genagelt, gesägt, gebohrt, gefräst und gehämmert. Rauchen ist in Werkstätten unzulässig, weil dort gefährliche Stoffe sind, die brennen können.

Auf dem Gelände gibt es sogar Kräne. Es ist auch gefährlich dort, weswegen die Männer und Frauen bei jedem Wetter einen Helm und Lärmschutz tragen müssen.

Von Oktober bis in den März hinein werden die meisten Werkstätten mit Öfen gewärmt. Dann sind die Arbeitsplätze schön warm und gemütlich.

In der Kantine gibt es täglich leckeres Essen. Die Teller, das Besteck und die Gläser sind immer sehr sauber.

Unser Ausflug

Im Herbst macht die dritte Klasse jährlich einen Ausflug in eine nahe gelegene Bäckerei. Alle Mädchen und Jungen freuen sich schon sehr darauf. Sie sehen dort zu, wie der Bäcker und die Bäckerin Semmeln und Brezeln vorbereiten und dann backen.

Wenn das Gebäck fertig ist, dürfen alle Kinder davon probieren. Es ist alles sehr lecker!

Auf dem Heimweg laufen und rennen die Kinder durch die Blätter, die auf dem Boden liegen. Alle haben sehr viel Spaß!

eu, äu

Wann wird eu und wann wir äu
verwendet? Um diese Frage geht es in
den nächsten Diktaten.

Der Neue in unserer Klasse

Heute haben wir einen neuen Mitschüler
kennengelernt. Wir waren ganz gespannt
und neugierig auf ihn. Er heißt Jorge. Er
kommt nicht aus Deutschland, sondern
aus Spanien. Das ist ganz im Süden von
Europa. Er sitzt sogar neben mir und ich
glaube, wir können gute Freunde werden.
Ich freue mich riesig darüber, ihn

kennengelernt zu haben. Ich hoffe, dass er schnell Deutsch lernen wird.

Die Klassenfahrt

Wir fahren mit dem Bus für eine Woche ins Allgäu. Das ist in Bayern und es ist sehr schön da. Dort
gibt es viele Wiesen mit Bäumen und Kräutern und wir legen uns in die Sonne, um Bräune zu
bekommen.

Wir übernachten bei einer Bäuerin, die viele kleine Häuser auf ihrem Hof hat und beobachten
Bienen, die Blumen bestäuben. Es ist wundervoll im Allgäu, ich möchte gar nicht wieder dort weg.

Viele Träume sind Schäume

Heute haben wir mit der ganzen Klasse zusammen über Träume geredet.

Ich habe auch schon sehr viele lustige Dinge geträumt. Zum Beispiel, dass ich in einem Wald bin und
alle Bäume miteinander reden.

Meine Freundin Lisa hat erzählt, dass sie geträumt hat, dass Räuber über die Zäune in der Straße
klettern und ihre Bücher mitnehmen. Zum Glück ist sie vorher wachgeworden, das war um neun.

Dann läutete ganz plötzlich die Glocke und die Stunde war vorbei. Alle Kinder rannten aus dem
Gebäude und freuten sich auf die Ferien.

Im Wald

Im Wald gibt es viele Tiere. Einige sind Vögel, zum Beispiel Eulen, andere sind ganz klein, zum Beispiel Läuse und manche sind süß, zum Beispiel Mäuse.

Ich freue mich immer darauf, in den Wald zu gehen. Am liebsten mit meiner Freundin Lisa. Wir beäugen dann immer die Tiere und Pflanzen dort Blumen und pflücken Kräuter unter den Bäumen.

f, v

Heißt es Fogel oder Vogel? Häufig haben Kinder Unsicherheiten, wenn es darum geht, zwischen f und v zu unterscheiden.

Mit diesen Diktaten werden Sie mit Ihrem Kind die Unsicherheiten aber gut bewältigen können.

Sicher im Straßenverkehr

Gestern Vormittag hat unsere Klasse Besuch von einem Polizisten bekommen. Der Polizist hat allen Kindern erklärt, worauf es im Verkehr ankommt. Er hat auch erklärt, was wichtig ist, wenn man Fahrrad fährt. Ich habe viel über die nötige Vorsicht dabei gelernt und viele Verbote im Verkehr kennengelernt.

Ich werde bestimmt nie wieder vergessen, meinen Helm aufzusetzen. Der Helm schützt meinen Kopf vor Verletzungen.

Außerdem weiß ich jetzt, dass ich Vorfahrt habe, wenn ich von rechts komme.

Der erste Ferientag

Heute ist der erste Tag in den Sommerferien. Deswegen möchte ich mit meinem Fahrrad durch den Wald fahren. Ich möchte am Fluss mit Verena spielen und Vögel beobachten.

Bevor ich ankomme, verliere ich aber die Kontrolle über das Rad und fliege auf den Po. Aber Verena kommt schnell zu mir und fragt mich, ob ich mich verletzt habe.

Gut, dass ich so eine Freundin habe!

Sie sieht, dass ich keine Verletzungen habe und wir spielen am Fluss und beobachten die Vögel.

Die braven Kinder

Wenn Kinder brav sind, dürfen sie ein Glas Saft trinken. Aber ich trinke viel lieber Vollmilch, davon bringt mein Vater mir etwas.

Er ist sehr stolz auf mich, denn ich habe im Diktat keinen einzigen Fehler gemacht. Wir gehen zusammen zu meinem Hasen, der hat farbiges Fell. An den Vorderfüßen sind weiße Flecken, an den hinteren sind schwarze Flecken.

Nachdem ich die Hausaufgaben erledigt habe, spiele ich noch vier Lieder auf meiner Harfe.

g, k

Wann ein g und wann ein k verwendet wird, sorgt häufig an Wortenden für Probleme.

Aber Probleme sind Herausforderungen, die wir gemeinsam bewältigen können.

Und es gibt eine einfache Möglichkeit, die richtige Lösung herauszufinden: Lassen Sie Ihr Kind einfach den Plural des Wortes bilden - so wird schnell klar, welcher Buchstabe hier der richtige ist.

Legen wir los!

Hauke hat Geburtstag

Hauke hat heute Geburtstag. Er hat vormittags jede Menge Kinder aus seiner Klasse eingeladen.

Sein Bruder Hagen hat ihm einen Kirschkuchen gebacken. Aber bevor die Gäste kommen, hängt seine Mutter noch schnell viele bunte Luftballons auf.

Hauke hat für jedes Kind ein Tischkärtchen aufgestellt. Er hat sogar einen Geburtstagstisch, auf den die Geschenke gestellt werden sollen.

Hauke ist sehr aufgeregt, was er zum Geburtstag geschenkt bekommt.

Leider regnet es draußen, deswegen feiern die Kinder im großen Wohnzimmer. Sie spielen Topfschlagen und suchen nach einem versunkenen Schatz. Es bringt allen Gästen sehr viel Spaß. Hauke hat sich extra seine neue blaue Hose angezogen.

Es klingelt jetzt schon wieder an der Tür!

Unser Ausflug zur Burg

Ich mache heute mit meiner Tante einen Ausflug zu einer Burg. Ich habe schon sehr lange auf diesen besonderen Tag gewartet.

Wir wandern dann zusammen auf einen hohen Berg, auf dessen Gipfel eine alte Burg steht. Ich mag Geschichten von Rittern und ihren Burgen sehr gerne.

Deswegen sitze ich später auf einer Bank vor der Burg und höre meiner Tante bei Geschichten zu. Danach steigen wir den langen Weg wieder herab, auf dem wir hergekommen sind.

Der Weg zurück geht viel schneller, weil es bergab geht.

Der Hund und der Igel

Herr Meier hört auf einmal ein klirrendes Geräusch. Auch sein Hund Hasso knurrt gerade sehr laut. Herr Meier geht mit großen Schritten rasch zur Haustür und drückt langsam und vorsichtig ihre Klinke herunter.

Hasso der Hund steht sehr aufgeregt auf dem Weg vor dem Haus neben einer kaputten Glaskugel.

Er zeigt seinem Herrchen die Beute, die zwischen seine Zähne geklemmt ist. Herr Meier schaut genauer hin und entdeckt einen kleinen Igel, der in Hassos Kiefer gefangen ist.

Er sinkt auf die Knie und zwingt seinen Hund, den keuchenden Igel auszuspucken.

Danach schenkt Herr Meier seinem Hund leckere Hundekekse.

Jürgen und Ilka am Meer

Am langen Wochenende sind Jürgen und Ilka am Meer. Ilka schickt eine Flaschenpost auf den langen Weg durchs Meer. Sie hat sie in eine grüne Flasche gesteckt. Ilka ist aufgeregt und wirft die Flasche ins Meer.

Sie hofft, dass sie nicht auf den Grund sinkt.

Jürgen zeigt auf einen Punkt weit weg. Dort ist eine kleine Insel.

Ilka springt ins Wasser und schwimmt zur Boje ganz links.

Hinterher singen beide zusammen ein lustiges Lied. Es ist schon ganz dunkel geworden und beide müssen wieder nach Hause fahren.

Dehnungs-H

Damit das Dehnungs-H Ihre Nerven nicht strapaziert, sondern nur dehnt, sollten Sie mit Ihrem Kind gemeinsam die richtige Verwendung dieses sprachlichen Phänomens üben.

Und das geht am besten mit Diktaten, oder?

Eine gefährliche Begegnung

Jana fährt immer wieder gerne mit ihrem Fahrrad an den See. Sie radelt dann schon früh am Morgen fröhlich auf dem Fahrradweg am gefährlichen Verkehr vorbei. Am Waldrand fährt sie noch ein bisschen schneller.

Auf einmal sieht sie eine Kuh. Das Tier steht mitten auf der Fahrbahn. Sie ist lahm und träge und geht nicht an die Seite. Die Situation wird sehr gefährlich für Jana.

Jana kehrt lieber wieder zurück nach Hause und ruht sich dort entspannt aus.

Aber als der Hahn der Nachbarn laut kräht, geht die Kuh vom Weg herunter. Jetzt kann Jana beruhigt an den See fahren.

Die Zehn ist meine Glückszahl

Das Rad mit den Glückszahlen dreht sich auf dem Jahrmarkt in unserer Stadt. Wenn das Glücksrad auf einer Zehn stehenbleibt, hat man gewonnen.

Ich habe eine kleine Ahnung, dass heute mein Glückstag sein wird. Ich zahle eine Gebühr und drehe das große Rad. Und ich habe wirklich Glück! Nach dem Drehen steht der Zeiger auf der Zehn und ich habe gewonnen.

Ich freue mich so sehr, dass ich aus voller Kehle johle. Ich darf mir meinen Gewinn aussuchen. Entweder einen Föhn, einen Rahmen oder ein Fernrohr. Natürlich nehme ich das Fernrohr.

Danach kaufe ich mir und meinem Freund Johannes noch ein Eis mit sehr viel Sahne.

Die Zeit

Die Zeit zu kennen, ist sehr wichtig.

Wann ist Weihnachten? Um wie viel Uhr beginnt die Schule morgens? In welchem

Monat ist endlich mein Geburtstag? In allen diesen Fragen geht es darum, wie die Zeit eingeteilt wird.

Die Zeit wird eigentlich immer in verschiedene Jahre, Monate, Wochen und Tage eingeteilt. Kürzere Zeitrahmen werden in Stunden, Minuten und sogar Sekunden angegeben. Manchmal vergeht die Zeit sehr schnell, vor allem, wenn es schön ist.

Wenn es langweilig ist, vergeht die Zeit jedoch nur sehr langsam.

Unsere Fahrt zum Bauernhof

Mia und Lia sind Schwestern. Sie besuchen jede Woche ihre Oma, die in einem anderen Ort wohnt. Letztes Jahr fuhren sie gemeinsam mit der Oma mit der Bahn zu einem Bauernhof. Sie sind sehr lange gefahren. Es gab dort sogar zehn Kühe und so viele Hühner, dass sie sie gar nicht zählen konnten. Die Tiere haben sehr viel Nahrung gegessen.

Ich erzähle meinen Freunden immer noch davon. In der Nähe des Bauernhofs haben wir im Wald sogar mehrere Rehe sehen können.

Die Wahl zum Klassensprecher

In unserer Klasse ist heute die Wahl zum Klassensprecher. Wir haben sehr viele Kandidaten, mehrere Kinder wollen unbedingt Klassensprecher werden.

Alle Schüler dürfen ihren Favoriten ihre Stimme geben. Wer mehr Stimmen als die anderen hat, hat am Ende die Wahl gewonnen.

Die Wahl ist sehr wichtig, denn als Klassensprecher muss man zwischen der Klasse und dem Lehrer vermitteln können und man muss auch oft Streit schlichten.

Groß- und Kleinschreibung

Wann werden Wörter groß- und wann kleingeschrieben? Genau dieser Frage gehen wir in den nächsten Diktaten nach.

Fangen wir an!

Das Sichern und das Abseilen

Es gibt in Europa viele Länder mit schönen Berglandschaften. Dort gibt es Berge, die über 3.000 Meter hoch sind. Das Besteigen dieser Giganten ist anstrengend und benötigt eine Menge Erfahrung.

Schon beim ersten Blick auf diese gewaltigen Riesen bekommen Bergsteiger einen guten Eindruck über den Weg, der ihnen bevorsteht.

Aber wenn man gut vorbereitet ist, ist eine Tour dort etwas Wundervolles.

Wer einen erfahrenen Bergführer hat, kann zuerst das Sichern und das Abseilen üben. Die Sicherheit ist beim Bergsteigen wichtig und steht an erster Stelle.

Schauspieler im Theater

Ein Besuch des Theaters ist für mich immer etwas sehr Besonderes. Die Schauspieler schlüpfen anscheinend mühelos in die Rollen von anderen Menschen. Das Annehmen einer neuen Rolle ist jedoch auch mit sehr viel Arbeit verbunden.

Das Aussehen, die Gewohnheiten und die Bewegungen der Rolle müssen eingeübt werden. Auch das Auswendiglernen der Texte benötigt sehr viel Zeit.

Durch das Hineinschlüpfen in eine Rolle verwandeln die Schauspieler sich in völlig fremde Personen. Viele Kinder machen die ersten Erfahrungen als Schauspieler im Schultheater. Das ist immer eine spannende Erfahrung für jedes Kind.

Gut gespielte Theaterstücke sind immer etwas Großartiges für alle Zuschauer!

Die reichen Leute

Die Reichen haben sehr viel Geld, aber manchmal auch viele Probleme. Mein Freund Thomas z.B. hat jede Menge Geld. Aber er ist ein Verschwender. Er kauft sich jeden Tag neue Sachen. Beim Einkaufen achtet er nie auf die Kosten. Gefällt ihm etwas Billiges oder etwas Teures, dann kauft er es sich ohne Zögern oder Nachdenken.

Denn er liebt den Reiz von neuen Dingen, der Preis ist ihm egal.

Ihm ist es gleich, wenn Neues teuer ist. Hauptsache, es sieht gut aus und er nutzt es zum Angeben.

Zeichensetzung

In diesem Kapitel geht es nicht um Rechtschreibung, sondern um Zeichensetzung. Aber auch die richtige Zeichensetzung, oder auch Orthografie genannt, ist für viele Kinder eine große Herausforderung.

Beheben wir gemeinsam diese Baustelle!

Der verpatzte Besuch im Zoo

„Pack bitte deine Brote ein!", ruft meine Mutter, als ich aus dem Haus gehen möchte. Ich wollte ganz besonders pünktlich in der Schule sein, damit ich mit meiner Klasse einen Ausflug in den Zoo machen kann.

Ich renne deshalb wieder zurück in die Küche, packe meine Brote in die Tasche und laufe dann zum Bus.

Als ich in der Schule ankomme, wartet meine Klasse schon aufgeregt auf mich. „Du bist ja viel zu spät!", tadelt mich meine Lehrerin, die besonders ungeduldig ist.

Als wir beim Zoo ankommen, sehen wir ein großes Schild am Eingang: Heute haben wir geschlossen!

Meine Kontrolle beim Zahnarzt

Ich muss heute zum Zahnarzt. Ich habe zwar keine Schmerzen, gehe aber trotzdem alle sechs Monate zu einem Termin zur Kontrolle. Ich warte dann immer ungeduldig im Wartezimmer, bis ich aufgerufen werde. „Der nächste Patient, bitte!", ruft die laute Stimme des Zahnarzthelfers, der ganz plötzlich im Wartezimmer steht.

„Na, wer ist denn da?", fragt mich der freundliche Zahnarzt.

Ich klettere schnell auf den Zahnarztstuhl. Dann bekomme ich ein großes Papierlätzchen um meinen Hals, bevor der Arzt mir ganz genau in den Mund schaut.

Weil ich meine Zähne aber immer sehr gründlich putze, ist auch dieses Mal wieder alles in Ordnung.

i, ie

Wann verwenden wir ein i und wann ein ie? Dieser Frage gehen wir in den nächsten Diktaten auf den Grund.

Die fleißigen Bienen

Heute habe ich in der Schule viel über Bienen erfahren. Bienen sind sehr nützliche Arbeitstiere. Sie fliegen die ganze Zeit herum und bestäuben eine Riesenmenge Blüten. Mir wäre das zu viel.

Man muss ja irgendwann mal Zeit zum Spielen haben!

Aber ohne diese fleißigen Flieger würde es kaum noch Blumen geben.

Deswegen mag ich Bienen gerne und gieße alle Blumen im Garten.

Ein Kilo Pralinen

Lina und Sina treffen sich im Kino in der Stadt. Sie schauen einen Film mit vielen Tieren: Mit einem Tiger, einem Krokodil und einem Biber, die in einer großen Ruine ein Kilo Pralinen gefunden haben.

Sie essen die Pralinen und bekommen Bauchschmerzen.

Deswegen gehen die Tiere zusammen zum Arzt. Bei ihrem Termin bekommen die Tiere Medizin und es geht ihnen bald wieder besser.

Der Klavierspieler im Kino

Bei mir um die Ecke gibt es ein kleines, aber feines Kino. Es zieht mich immer wieder dorthin, denn es werden viele spannende Filme für Kinder gezeigt. Am Eingang des Kinos stehen vier alte Klaviere. Der Besitzer des Kinos spielt dort vor den Filmen immer ein paar Lieder und macht viele lustige Witze dabei.

Ich hatte auch einmal Klavierunterricht und würde mich gerne einmal neben ihn hinsetzen und mit vier Händen spielen.

Dann könnte mein Vater ein paar Fotos von uns am Klavier machen. Danach könnten wir zusammen einen Film schauen und viel Limonade trinken.

Unser lieber Tierarzt

Meine Familie und ich haben vier Haustiere: Eine getigerte Katze, einen riesigen Igel und zwei Kanarienvögel. Meine gesamte Familie ist sehr lieb zu Tieren. Und wenn unsere Tiere einmal krank sind, bringen wir sie zum Tierarzt.

Im Wartezimmer beim Tierarzt sitzen immer viele Erwachsene und Kinder mit ihren lieben Tieren.

Letztes Mal war sogar ein Mann mit einem Nilpferd dort. Das riesige Vieh hatte einen gewaltigen Kiefer mit gigantischen Zähnen.

Das Tier hatte schlimme Zahnschmerzen und bekam eine kleine Spritze. Dann behandelte der Tierarzt mit einer Bohrmaschine die Zähne des Nilpferds und alles wurde schnell wieder gut.

Die sieben lieben Ziegen

Auf der Wiese hinter unserem Haus stehen sieben liebe kleine Ziegen zusammen mit ihrer Mutter und spielen im Gras.

Die Mama liegt neben den Ziegen auf der Wiese und sieht genau, was ihre Kinder machen.

Die sieben Ziegen laufen über die grüne Wiese und entdecken viele Dinge.

Zum Beispiel fliegt ein bunter Schmetterling vorbei und eine Biene sitzt auf einer lila Blume.

Dann rennt auch noch ein Kind vorbei und singt laut ein Lied.

Was für ein lieblicher Tag!

-ig oder -lich

Ob ein Wort auf -ig oder -lich endet, stellt viele Kinder vor Herausforderungen. Die Daumenregel dazu: Die Steigerungsform des Verbs bilden. Dann wird ganz schnell klar, dass es glücklicher und nicht „glückliger" heißt.

Eine Regel, die es auch Ihrem Kind deutlich erleichtern wird.

Der Wetterbericht für morgen

Die Kinder waren sehr unruhig und auch ein wenig traurig, weil seit Tagen heftiger Regen fiel.

Sie warteten sehnsüchtig auf trockenes Wetter. Denn sie wollten endlich wieder fröhlich und glücklich draußen spielen und toben.

Aber die Bauern freuten sich über den täglichen Regen. Denn die Natur brauchte dringend das Wasser, damit die Ernte dieses Jahr günstig ausfallen konnte.

Im Wetterbericht lächelte die Moderatorin freundlich, als sie das Wetter für die kommenden Tage vorstellte.

In den nächsten Tagen würde es wieder sonnig und ein klein wenig windig werden.

Die Kinder freuten sich schon sehr glücklich auf das herrliche Wetter demnächst.

Lisas abenteuerlicher Spaziergang

Heimlich machte sich Lisa auf den Weg. Der Weg war ziemlich steinig und etwas glitschig. Das abenteuerlustige Mädchen wollte endlich einmal etwas ganz Außergewöhnliches erleben. Deswegen kletterte Lisa mutig den besonders steilen Weg hinauf zur Burg.

Oben an der Burg gibt es gefährliche Tiere, die Kinder erschrecken und verängstigen.

Als Lisa oben angekommen ist, öffnete sie sehr ängstlich das große rostige Tor. Aber alles, was sie sehen konnte, waren ein paar ganz gewöhnliche Katzen.

Die Katzen fraßen gierig ein paar Leckereien, die herumlagen.

Lisa lachte glücklich und rannte den ganzen schwierigen Weg zurück nach Hause. Als sie dort ankam, war sie sehr fröhlich.

Endlich sind Sommerferien

Die langen und warmen Sommerferien sind für mich immer die liebste Zeit. Dann ist es meistens sonnig und alle Menschen sind freundlich, denn das gute Wetter lädt herzlich dazu ein.

Und immer pünktlich im Sommer wird in meinem kleinen Dorf ein Straßenfest gefeiert, bei dem wir alle immer fröhlich und freundlich sind.

Mir wäre es am liebsten, wenn das ganze Jahr täglich Sommer wäre. Das stelle ich mir immer sehnsüchtig vor.

I und II

Der Unterschied zwischen I und II stellt viele Kinder vor Herausforderungen. Üben wir doch gemeinsam!

Der Maler und die grüne Grille

Ein Maler aus Holland fährt mit seinem schnellen Roller auf ein Tulpenfeld. Er trägt eine runde auffällige Brille auf der Nase.

Bald darauf greift er zu seinem Pinsel und zu Ölfarben und malt das Feld und die Wolken am Himmel.

Aber etwas fehlt noch auf dem Bild. Er denkt lange nach. Auf einmal fällt eine grüne Grille vom Baum, direkt in die Farbe. Schnell holt er das Tier heraus und rettet es. Danach zieht der Maler seinen Wollschal an und fährt mit dem Gemälde zurück nach Hause.

Die Reise um den Erdball

Meine ältere Schwester hat immer wieder tolle Einfälle. Heute wollen wir mit der beleuchteten Weltkugel im Wohnzimmer spielen.

Der Erdball ist mit zwei Dritteln mit Wasser bedeckt. Das sind Ozeane, Seen und Flüsse. Im Ozean leben viele Wale und Delfine, in den Flüssen viele Forellen.

Wir gucken uns das Mittelmeer an. Meine Schwester meint, dass es dort viele Muscheln und Quallen gibt, aber keine hohen Wellen.

Sie meint, dass wir dort mit einem Zelt Urlaub machen sollen.

m, mm

Wann wird ein einfaches m und wann ein doppeltes verwendet? Schauen wir es uns an!

In meinem Kinderzimmer

Ich habe in meinem Kinderzimmer viele Sachen gesammelt. Auf meinem Regal steht eine kleine Trommel, die ich auf dem Rummel gewonnen habe. An meiner Wand hängt ein roter Hampelmann. Das kleine Holzkamel hat mir meine Tante aus dem Urlaub in Ägypten mitgebracht.

Die Bimmelbahn und das Daumenkino habe ich im Sommer in Hamburg gekauft.

Auf meinem großen Schreibtisch stehen ein Computer und jede Menge Kram: Zum Beispiel Büroklammern, Papier und Stifte.

Manchmal kommt meine kleine Schwester auch zu mir und wir malen ein Bild.

Der große Hummer

Lena hat großen Kummer. Sie findet alle Tiere toll und möchte sich um sie kümmern. Deswegen sammelt sie ihr gespartes Taschengeld zusammen und kauft sich einen lebendigen Hummer im Fischladen.

Sie geht dafür aus dem Haus, geht über die Straße mit der großen Ampel und dann zum Fischhändler.

Sie kauft den großen Hummer und packt ihn in einen Eimer, den sie im Badezimmer versteckt.

Als ihre Mama den Eimer sieht, traut sie ihren Augen kaum: Der Hummer hält in seinen Zangen einen Schwamm und schwimmt herum.

n, nn

Wann wird nur ein n und wann werden zwei n verwendet? Darum geht es in den nächsten Diktaten.

Ein Donnerstag im Sommer

Gestern war Donnerstag. Und heute bekomme ich mein Zeugnis und dann beginnen die Sommerferien. Dann fahre ich mit meinen Eltern und meinem Bruder auf einen Bauernhof. Dort gibt es viele Tiere. Am meisten freue ich mich auf den Hahn und die vielen gackernden Hennen, auf die Kaninchen, die Katzen und den Hund.

Ich bin schon ganz aufgeregt, denn der Bauernhof ist mein liebster Ort.

Wann fahren wir denn endlich los?

Auf dem Spielplatz

Der alte Rentner mit seinem Doppelkinn geht mit seinem kleinen Enkel auf den Spielplatz. Da es sonnig ist, kann das kleine Kind draußen im Sandkasten spielen.

Der Junge rennt fast so schnell wie der Wind, denn er möchte eine Runde auf die Schaukel.

An der Wand neben der Hütte steht eine grüne Tonne, in der Kinder sich verstecken können. Das macht der Junge auch.

Als der Tag zu Ende ist, gehen der Enkel und der Opa nach Hause. Dort nimmt das Kind ein warmes Bad in der Badewanne. Der Rentner kocht eine Kanne heißer Schokolade und sie gehen schlafen.

Die Scheune brennt

Wenn es brennt, dann kommt die Feuerwehr. Letzte Woche war ein großer Brand in einer Scheune.

Das Feuer wurde von uns Kindern entdeckt. Wir rannten so schnell wir konnten nach Hause und haben Bescheid gesagt. Dann kamen schnell Männer von der Feuerwehr, um das brennende Feuer mit Wasser zu löschen.

Sie hatten dabei sehr viel zu tun und mussten schnell sein. Denn die Rinder in dem Stall konnten kaum noch atmen und der Hahn und die Hennen hatten sich in einem Sandhaufen versteckt.

Aber der Brand konnte schon sehr schnell gelöscht werden und es ist alles gut ausgegangen.

ng, nk

Die Unterscheidung von ng und nk an Wortenden stellt viele Kinder vor Herausforderungen. Nehmen wir die Herausforderung doch einfach an!

Ganz viele Ringe

Ich trage an meiner rechten Hand einen sehr hübschen Ring. Auch links ist ein dicker Klunker an meinem Ringfinger. Blinkender und glitzernder Schmuck ist etwas, was ich sehr liebe. Ich liebe alle Dinge, die hübsch sind.
Meine Finger sind sehr schlank und ich liebe es, mit ihnen und meinen Ringen zu winken.
Auch wenn ich singe oder andere Dinge tue, habe ich meine Ringe immer dabei.

Meine Kater

Meine Kater haben sich in der sengenden Sonne gestritten. Ich bringe die beiden Zankäpfel auseinander.
Einer der Kater ist etwas krank und ringt laut nach Luft. Er hat leider eine Verletzung an seiner Wange. Ich bringe ihm deshalb einen Napf mit Wasser zum Trinken.
Der Kater trinkt den Napf schnell mit seiner Zunge leer.
Dann lenkt uns der Gesang eines Vogels ab. Der Kater springt mit einem gewaltigen Sprung auf einen langen Ast.
Der Vogel ist aber schon lange wieder weggeflogen.

s, ss

Je nach Wort ist es schwierig, zwischen einem einfachen und einem doppelten „s" zu unterscheiden. Deswegen sind hier Diktate, mit denen Ihr Kind die Unterscheidung üben kann.

Unsere Klassenfahrt zum Schloss

Die erste Klasse unserer Schule macht heute einen Ausflug zu einem Märchenschloss. Jedes Kind ist schon sehr aufgeregt und freut sich riesig.
Viele Kinder wollen vorher noch einiges über das Schloss wissen. Deswegen liest unser Klassenlehrer uns die Geschichte des Schlosses vor. Vor vielen Jahren lebte dort ein großer Riese aus Russland, der

dort mit vielen Gästen gegessen hat. Das Essen war köstlich und der Koch servierte häufig draußen im Garten frisch gepressten Saft.

Nachdem sie gegessen hatten, gingen die Gäste mit dem großen Russen im superschönen Wassergarten vor dem Schloss spazieren.

Stress an der Kasse im Kaufhaus

Vanessa hat leider die Masern und darf deswegen das Bett nicht verlassen. Aber sie macht trotzdem alle ihre Hausaufgaben fleißig wie immer. Ihre Mutter kümmert sich um sie und schüttelt ihre Kissen auf, damit sie im Bett besser lernen kann.

Sie zieht ihre grasgrüne Weste an und fährt mit dem Bus in das Kaufhaus. Dort möchte sie für Vanessa Wasserfarben in einem Malkasten kaufen.

Aber an der Kasse bekommt sie riesigen Stress, denn sie hat ihre Geldbörse zuhause gelassen!

Sie ist sehr nervös, aber der nette Kassierer beruhigt sie. „Wenn Sie mir Ihren Ausweis dalassen, kann ich auch morgen erst kassieren."

s, ß

Auch die Unterscheidung zwischen s und ß muss geübt werden. Fangen wir doch am besten gleich damit an!

Der fleißige Schneider

Es war einmal vor vielen Jahren ein fleißiger Junge. Er sollte für die große Königin viele festliche Kleider nähen.

Deswegen nahm er das Maßband und seinen Nähkoffer und besuchte die Königin in ihrem großen Palast.

Die Herrscherin war riesig und sehr schön. Der Junge musste wegen ihrer Größe auf ein Fass steigen, damit er Maß nehmen konnte. Er nähte dann mit einem rosa Faden sehr hastig die Kleider. Er war so schnell, dass er danach schweißgebadet war.

Aber die große Königin war mit dem Ergebnis zufrieden und gab ihm zur Belohnung einen Handkuss.

Der Hahn auf Opas Misthaufen

Opas Hahn wohnt schon immer auf seinem Misthaufen. Schließlich ist es seine Aufgabe, meinen Opa jeden Morgen fleißig zu wecken.

Danach macht meine Oma ohne Hast ein großes und leckeres Frühstück. Sie gießt meinem Opa heißen Tee in seine Thermoskanne.

Denn es macht meinem Opa Spaß, mittags auf seinen Feldern zu arbeiten und dabei seinen Kaffee zu genießen.

Auf seiner Wiese fressen die Kühe das grüne Gras und werden gemästet. Der Hahn frisst immer sein leckeres Fressen und steht dabei auf einem Fuß. Meistens kräht er laut.

s, ss, ß

Jetzt kombinieren wir die Erkenntnisse aus den letzten beiden Abschnitten und versuchen, zwischen s, ss und ß zu unterscheiden.

Ein schöner Strauß für die Blumenvase

Heute ist der Geburtstag meiner Klassenlehrerin. Deswegen gehe ich zu einer Blumenwiese, die am Ende unserer Straße ist. Auf der wilden Wiese blühen große Blumen und es gibt sehr viele lustige grüne Grashüpfer. Ich pflücke auf der Wiese einen bunten Strauß für meine Lehrerin als Geschenk.

Ich lasse mir vom Hausmeister meiner Schule noch eine Vase leihen. Diese befülle ich mit Wasser und dann stelle ich den Strauß hinein. Das sieht klasse aus!

Der Hausmeister schließt mir in der Pause die Klassentür auf und ich stelle den Strauß Blumen mit einer rosa Schleife auf den Tisch.

Meine Klassenlehrerin freut sich sehr über den Gruß zum Geburtstag.

Der Fleiß und der Kuchen

Ich bin sehr fleißig und mache meine Hausaufgaben immer direkt, wenn ich aus der Schule komme.

Deswegen bin ich immer sehr schnell damit durch und kann sehr früh nach draußen auf die Straße gehen. Da kann ich mit den anderen Kindern spielen.

Aber wenn die anderen Kinder noch ihre Hausaufgaben machen müssen, gehe ich in der Zeit immer zu meiner Oma und lasse mir spannende Geschichten erzählen. Außerdem bekomme ich dann meistens von meiner Oma eine große Tasse Kakao und zwei Stückchen süße Nusstorte.

Das Hochwasser am Fluss

An unserem großen Haus fließt hinten ein Fluss vorbei. Unser Fluss fließt an der Küste direkt ins Meer hinein.

Vorgestern hat es geregnet. Dabei sind riesige Wassermassen vom Himmel geflossen. Das kleine Flüsschen ist deshalb schnell ein riesiger Strom geworden, der sehr schnell geflossen ist.

Dann hat das Wasser die Wiese und sogar die Straße überspült.

Zwei Tage lang hat es wie aus Eimern gegossen, danach war endlich Schluss. Jetzt sind aber riesige Schäden und ein gewaltiger Riss auf unserer Straße zu sehen.

sp, st

Der Unterschied zwischen sp und st muss geübt werden. Beginnen wir doch gleich damit!

Der kranke Storch

Ein kranker Storch stolperte über einen sehr spitzen Stein und brach sich dabei die Stelze, das ist sein Bein.

Dann spazierte ein Spatz vorbei und brachte den Storch zum Doktor. Der Doktor war ein Spezialist und hat den Storch mit einer Spritze gestochen. Danach hat er die Stelze mit einem Gips behandelt.

Der nette Spatz wollte den verstimmten Storch wieder glücklich sehen. Aber der Storch verstand keinen Spaß und klapperte mit der Spitze seines Schnabels.

Für die Behandlung beim Doktor entstanden keine Kosten.

Deswegen sparte der Storch eine ganze Stange Geld. Er spähte sich ein Versteck aus, an dem er ohne Stress ganz gesund werden konnte. Denn der Storch war sehr stolz.

Das Kasperl bestellt sich ein Springseil

Das Kasperl war zwar nicht geizig, aber besonders sparsam. Es strengte sich immer sehr an, nichts von seinem Geld zu verspielen und starke Ausgaben zu vermeiden.

Aber diesmal hatte das Kasperl einen ganz starken Wunsch. Denn es wollte sich ein spezielles Springseil kaufen. Das Kasperl besprach diesen Wunsch mit einem Nachtgespenst, mit dem es oft zusammen spielte.

Das Gespenst versprach dem Kasperl, dass er schon für wenig Geld ein besonders starkes Seil kaufen kann, mit dem er stolz springen kann.

Da bestellte das Kasperl sein Springseil im Internet. Es kam spätabends auch schon mit der Post an.

Die strengen Lehrer

Gestern musste ich als Strafe aus dem Klassenzimmer gehen und auf dem Flur stehen. Denn ich habe mich ständig mit Steffi gestritten. Meine Stiefmutter hat mir erzählt, dass Lehrer früher noch viel strenger waren. Stell dir das mal vor! Früher mussten die Kinder sofort Strafarbeiten machen und sind deswegen ständig zu spät nach Hause gekommen. Das war immer sehr viel Stress für die Kinder.

Ich bin froh, dass Lehrer heute nicht mehr so streng sind.

Ganz viele Lieblingsfächer

In der Schule mag ich am liebsten das Fach Sport. Denn im Sportunterricht spielen wir viele Spiele, die immer sehr viel Spaß machen. Stefanie mag am liebsten den Deutschunterricht. Denn sie lernt gerne sehr viele spannende Dinge über die deutsche Sprache. Sie ist jetzt schon ganz aufgeregt auf den Unterricht von Fremdsprachen. Am meisten freut sie sich auf Spanisch. Dann kann sie später, wenn sie erwachsen ist, sehr viel verreisen und die Menschen in anderen spannenden Ländern verstehen und auch mit ihnen sprechen.

Dann muss sie nicht ständig überlegen, wie die Wörter auf Spanisch heißen.

t, tt

Wann wird ein t und wann ein tt verwendet? Darum geht es in den nächsten Diktaten.

Reparaturen in unserem Garten

Wir haben einen alten Dattelbaum, der mit seinen Blättern kalten Schatten spendet. In diesem Sommer haben die rostroten Geranien besonders lange geblüht. Besonders viele Blüten hatte auch unser Quittenbäumchen neben der Hütte.

Im Winter haben der Zaun und das Gatter am Stall jedoch leider sehr gelitten.

Aber meine Eltern waren geschickt und konnten alles wieder sehr flott reparieren. Ich habe meinen Eltern die ganze Zeit mit Rat und Tat geholfen.

Wir haben eine Leiter und Werkzeug aus unserer Hütte geholt und haben die kaputten Dinge repariert.

Robin und seine rote Ratte

Robins Mutter zieht die Bettdecke zurück und sieht rotes Blut auf seinem Kissen. Sie fragt ihren Sohn, ob er nachts geblutet hat.

Robin nimmt all seinen Mut zusammen und erzählt seiner Mutter von der guten Tat, die er in der Nacht vollbracht hat.

Eine hungrige rote Ratte hatte sich unter sein Bett verirrt. Robin holte deswegen aus der Küche Futter von seinem Kater.

Mittlerweile war die rote Ratte aber schon auf seinen Schrank geklettert. Da nahm Robin eine Leiter und fiel herunter.

Robins Mutter verarztet ihren Sohn mit etwas Watte. Sie gibt ihm den Ratschlag, in Zukunft besser aufzupassen.

tz, z

Der Unterschied zwischen z und tz fällt vielen Kindern schwer. Üben wir es gemeinsam!

Der Frühjahrsputz

Jedes Jahr, wenn der Winter vorbei ist und es hin und wieder Hitze gibt, wird in meiner Familie ein sogenannter Frühjahrsputz veranstaltet.

Wir müssen alle mitmachen, keiner darf herumsitzen und jeder bekommt einen Platz zugeteilt, den er putzen soll. Letztes Jahr musste ich Fenster putzen, die waren sehr schmutzig und ich habe sehr geschwitzt. Ich habe mit einen spitzen Gegenstand versucht, meine gemalten Bilder zu entfernen und habe mich dabei am Finger verletzt. Nächstes Mal muss ich mich besser schützen.

Der Besuch im Zoo

Am letzten Dienstag waren wir mit der Schule im Zoo. Bei den großen Bären bestaunten wir die riesigen Tatzen. Manche Tiere im Zoo waren geschützt, weil sie bedrohlich sind. Bei den Vögeln gab es viele Spatzen. Es gab auch sehr viele nützliche Tiere, zum Beispiel Insekten und Bienen. Bei den Raubkatzen war es sehr warm und wir haben geschwitzt. Der Besuch im Zoo war leider viel zu kurz. Ich möchte noch viel mehr über die Tiere wissen.

Hitzefrei

Wenn es sehr heiß ist und alle Kinder im Sommer schwitzen, gibt es hitzefrei.

Deswegen ist Emma heute früher wieder zuhause. „Wo kommst du denn jetzt so plötzlich her?", fragt ihre Mutter.

Emma antwortet: „Wir haben heute hitzefrei!"

Jetzt kann sie den Tag für Dinge nutzen, die ihr Spaß machen und bei denen sie nicht so viel schwitzt. Sie trifft sich mit ihrer Freundin Lena und sie erzählen sich gegenseitig Witze.

Die Fliege auf Opas Glatze

Meine Katze ist sehr aufgeregt. Dem schwarzen Tier pocht sein Herz bis zu den Ohren. Sie liegt auf der Matratze und kann ihren Blick einfach nicht abwenden. Warum tut sie das?

Auf der Glatze von Opa Franz sitzt eine winzige schwarze Fliege.

Plötzlich nimmt meine Katze Anlauf und schlägt mit ihrer großen Tatze fest auf Opas Kopf.

Opa greift gehetzt zu seiner Fliegenklatsche und trifft mit ihrer Spitze die Katze.

Doch die Fliege ist schon in der Schnauze der Katze.

Die Wurzelbehandlung beim Zahnarzt

Lisa setzt sich ihre Mütze auf ihren Kopf, denn sie muss zum Zahnarzt. Sie hat dolle Zahnschmerzen. Zum Glück ist das Wartezimmer dort beheizt und gemütlich. Nach kurzer Zeit holt der Arzt Lisa in das Behandlungszimmer.

Er hat eine besondere Brille aufgesetzt und schaut sich den kranken Zahn an: Die Wurzel am Zahn muss ganz dringend behandelt werden. Lisa bekommt eine Spritze und spürt, wie die Hitze ihr in den Kopf steigt. Sie bekommt zuletzt noch eine Medizin und Tabletten gegen ihre Schmerzen.

Jetzt will Lisa sich ihre Zähne noch besser putzen.

Fremdwörter in der deutschen Sprache

Fremdwörter stellen für viele Kinder eine besondere Herausforderung dar. Umso wichtiger, dass wir die richtige Schreibweise der häufigsten Fremdwörter in Diktaten vertiefen.

Der Recycling-Hof (englische Fremdwörter)

Unsere Klasse wollte einen Ausflug auf einen Recycling-Hof machen.

Die Jungs fanden die Schrottpresse total cool. Alle Mitarbeiter trugen Jeans.

Jeans waren früher Hosen für Farmer und Cowboys. Heute kann man sie aber in jedem Store kaufen, manchmal sind sie sogar im Sale.

Die Mädchen haben die Lage auf dem Hof gecheckt und haben bei den alten Fahrrädern viele Mountainbikes entdeckt.

Hinterher haben wir Fast Food gegessen. Der Ausflug war ein richtiges Highlight und eine echt coole Sache!

Im Büro

Meine Mutter arbeitet im Büro als Office-Manager. Sie sitzt viel am Computer und arbeitet mit Software. Sie hat ein tolles Team und viel Support.

Sie trinkt den ganzen Tag Kaffee und hat viele Meetings mit ihren Kollegen.

Sie telefoniert viel mit dem Handy und surft mit dem Laptop oder dem Tablet im Internet.

Ich finde den Beruf sehr spannend, denn meine Mutter hat viele Challenges, die sie meistern muss.

Im Hotel

Das Hotel hat zwölf Etagen. Im Parterre befindet sich der Eingangsbereich. Vor dem Hotel stehen viele teure Autos, die meisten sind Limousinen.

Das Repertoire des Restaurants ist sehr exklusiv: Nur die teuersten Speisen gibt es hier.

Ich habe eine Aversion gegenüber Hummern, deswegen gibt es für mich nichts zu essen.

Auch den Jargon der Mitarbeiter verstehe ich nicht. Mit diesem Malheur kann ich jedoch gut leben.

Im Zirkus

Heute geht meine Familie mit mir in den Zirkus, damit wir den Magier und den Clown in ihrer Show bewundern können.

Außerdem ist ein Besuch der spannenden Tiere im Ticket inklusive. Der spannende Magier hat alle Tricks optimal auf Lager.

Er hat sogar ein Wunderspray, mit dem er ein Portemonnaie und einen goldenen Ring verschwinden lässt.

Deswegen applaudieren ihm auch alle Zuschauer.

Aber als der Clown die Arena betritt, wird es plötzlich hektisch. Denn der Tollpatsch stolpert in seinem coolen Outfit und mit seinen gigantischen Schuhen über alles, was im Weg steht.

Aber auch er bekommt hinterher einen langen Applaus und Standing Ovations.

Der Computer

Alle Kollegen arbeiten gemeinsam im Büro. Sie sind dort ein Team mit vier Mitarbeitern. Sie müssen jetzt aber noch eine ganz neue Kollegin integrieren. Diese wird dann für die Kommunikation verantwortlich sein.

Dabei muss sie sehr viele E-Mails lesen und beantworten.

Gut, dass sie sich mit ihrem Computer gut auskennt und viel durch die Programme surft.

Aber manchmal hat sie mit einigen Anwendungen Probleme. Deshalb besucht sie eine Schulung, damit sie auch die kompliziertesten Operationen in Zukunft alleine ausführen kann.

Zum Ende der Schulung bekommt sie sogar ein Zertifikat.

Doppelkonsonanten

Vertiefen wir doch noch das Thema der Doppelkonsonanten! Auf geht´s!

Die schnelle Heilung

In der kleinen Hütte sitzt in der Mitte eine Mutter mit ihrem kleinen Kind. Sie ist traurig und hat Stress, denn ihr kleiner Sohn hatte mit einem großen Hammer gespielt. Da hatte er sich verletzt.

Jetzt jammert das arme Kind vor Schmerzen.

Deswegen nimmt die Mutter etwas Watte mit einem Löffel voller Medizin. Sie gibt ihrem Sohn zum Trost einen großen Kuss. Eine Tablette macht, dass die Schmerzen weniger werden.

So schlimm ist es dann doch wieder nicht und der Junge will wieder spielen und Kekse essen.

Die Überschwemmung

Ich hoffe, dass es bald aufhört zu regnen. Denn das Wasser im Fluss ist schon stark angestiegen. In großen Massen fließt das Wasser über das Ufer und schwappt sogar schon auf den Gehweg. Bald erreicht das Wasser die Schwelle zum Treppenhaus.

Vor vielen Jahren gab es schon eine Überschwemmung: Da wurde die große Tanne in unserem Garten umgeworfen.

Aber die Feuerwehr ist eingetroffen und hat das Wasser mit Sandsäcken gestoppt.

Dann hat sich das Wetter wieder verändert und die Sonne hat wieder geschienen.

Zum Glück sind wir dieses Mal knapp dem Unwetter entkommen und haben alles wieder unter Kontrolle.

Auf Klassenfahrt

Seit heute Mittag bin ich mit meiner Klasse auf Klassenfahrt. Aber schon am Nachmittag habe ich gemerkt, dass ich meinen Kamm zu Hause vergessen habe. Ich beginne deswegen, mir Sorgen zu machen.

Muss ich jetzt immer mit strubbeligen Haaren am Esstisch sitzen?

Dann kommt mir eine Idee: Ich leihe mir von Carlotta einen Kamm. Wir teilen uns nämlich ein Zimmer.

Jetzt kann ich zum Essen gehen, ohne mir Sorgen zu machen.

Substantivierte Verben

Substantivierte Verben werden großgeschrieben. Das müssen viele Kinder allerdings erst üben. Fangen wir an!

Das Leuchten von Kinderaugen

Wenn Kinder Geschenke zum Geburtstag erhalten, ist das Leuchten von Kinderaugen am Schönsten. Die Spannung steigt schon beim Öffnen des Kartons und beim Auspacken des Geschenks.

Ich mag am liebsten Experimentierkästen, weil ich damit immer wieder etwas Neues erfahren und lernen kann.

Meine Schwester mag alles Bunte, wenn es um ihre Anziehsachen geht.

Eigentlich jedes Kind hat ein Strahlen in seinen Augen, wenn es etwas in den Händen hält, was es sich schon sehr lange wünscht.

Die meisten Kinder freuen sich über schöne Geschenke, die Geschenkgeber freuen sich aber auch, weil sie ein zufriedenes Lächeln auf den Gesichtern der Kinder sehen können.

Das Glück des Meeres

Etwas ganz Besonderes ist das Rauschen des Meeres und das Schlagen der Brandung. Dabei sind der starke Wind und das tiefe Wasser Verbündete.

Das Gesehene wird durch das Hören der vielen Naturgeräusche noch intensiver erlebt. Und durch das Kreischen der Möwen am Himmel und das stetige Blinken des Leuchtturms wird ein Besuch am Meer und am Strand noch viel schöner.

Das Zurückweichen der Gezeiten bei Ebbe und Flut ist an der Nordsee ganz besonders spannend.

Schwimmen und Schnorcheln ist im ruhigen und warmen Wasser des Mittelmeeres ganz besonders angenehm.

Die aufregende Brandung des atlantischen Ozeans eignet sich besonders gut zum Fotografieren.

Alle Reisenden lieben das Funkeln der weißen Sandstrände am Indischen Ozean.

Die Höflichkeitsanrede

Dass die Höflichkeitsanrede groß geschrieben wird, muss geübt werden. Probieren Sie es doch mit diesen Diktaten!

Der Lottogewinner

Mein Opa traut seinen Augen kaum, als er den Brief aus seinem Briefkasten fischt: „Sehr geehrter Herr Hansen, wir freuen uns sehr, dass Sie den Hauptgewinn gewonnen haben. Ihr Los wurde gezogen! Sie sind der Gewinner des Hauptpreises und können sich auf eine Reise für zwei Personen nach Rom freuen. Wir übernehmen alle Kosten Ihrer Reise für Sie. Sie können sich auch selbst aussuchen, wann Ihre Reise stattfinden soll.

Sie müssen Ihren Gewinn aber noch in diesem Jahr einlösen.

Melden Sie sich einfach bei uns, wenn Sie noch Fragen oder Wünsche haben.

Wir freuen uns für Sie!"

Mein Opa ist glücklich und erzählt es sofort meiner Oma.

Die Hausordnung

Als meine Familie in die neue Wohnung eingezogen ist, haben wir eine Hausordnung überreicht bekommen.

Meine Mutter legt das Schriftstück auf den Tisch, damit wir alle die Regeln in Ruhe lesen können.

„Bitte schließen Sie die Haustür um 23 Uhr ab. Sie dürfen keine Haustiere in Ihrer Wohnung halten. Damit Sie die Waschmaschinen im Keller benutzen dürfen, müssen Sie sich in eine Liste eintragen. Denken Sie daran, jeden Mittwoch im Treppenhaus zu fegen. Wir bedanken uns bei Ihnen für Ihr Verständnis. Mit besten Grüßen, Ihre Hausverwaltung."

Schade, ich hatte mir so sehr einen Hund gewünscht.

Die Anführungszeichen

Wie genau werden wann Anführungszeichen gesetzt? Üben
wir es doch mit Diktaten, dann ist es leichter als gedacht.

Die Brandstiftung

Es gab eine Brandstiftung bei uns in der Stadt. Die Polizei
befragt deshalb viele Menschen: „Wissen Sie, wer das Feuer an
dem Haus gelegt hat?" „Ich habe genau beobachtet, dass es
Tim von da drüber war!", antwortet eine aufgeregte Frau.
„Hier wird es immer gefährlicher in der Nachbarschaft!", ruft
ein Mann. „Lobenswert, dass Sie uns direkt gerufen haben",
sagt der fleißige Polizist.

Hinterher berichtet ein Reporter über den Brand in der
Zeitung. Er schreibt, dass die Worte einer Anwohnerin der
Straße „hier wird es immer gefährlicher in der Nachbarschaft" die Angst der Menschen gut getroffen
haben.

Die alte Indianerweisheit

Timo wollte den berühmten Satz eines alten und weisen Häuptlings besser verstehen: „Erst wenn
der letzte Baum gerodet, der letzte Fluss vergiftet, der letzte Fisch gefangen ist, werden die
Menschen feststellen, dass man Geld nicht essen kann!"

Deswegen fragt er seinen Vater: „Kannst du mir erklären, warum der Indianer früher schon genau
wusste, was wir heute für Probleme haben werden?"

Der antwortet ihm: „Weil die alten Indianer früher zwar keinen elektrischen Strom und keine
technische Geräte hatten, aber sehr viel über die Natur wussten!"

Timo ist sehr nachdenklich und sagt: „Der Indianer war ein sehr kluger Mann!"

Getrennt oder zusammen

Ob ein Wort getrennt- oder zusammengeschrieben wird, kann viele Kinder überfordern. Deswegen habe ich für Sie und Ihr Kind Diktate vorbereitet, die genau das üben.

Die regennassen Straßen

Für Tom war es sehr schwierig, die ganze Sache zuzugeben. Aber er hat seiner Mutter trotzdem haarklein erzählt, was heute Morgen passiert ist. Er ist nämlich auf seinem Schulweg ausgerutscht. Jetzt ist er tieftraurig darüber, dass sein Fahrrad dabei viele Kratzer abbekommen hat.

Tom wollte sein Fahrrad bei dem Regenwetter eigentlich zu Hause lassen. Aber weil er so spät dran war und er unbedingt pünktlich in der Schule sein wollte, hat er sich dann doch aufs Rad gesetzt.

Tropfnass war er schon fast angekommen, als er ausgerutscht ist.

Aber sein Vater ist einfach nur überglücklich, dass Tom nichts passiert ist.

Das herrenlose Boot

Das kleine Schiff ist unbemannt und verlassen flussabwärts getrieben, als die Kinder es am Ufer erblickt haben.

Kurzerhand ist eines der Mädchen schnurstracks nach Hause gerannt, weil ja irgendwer eingreifen musste.

Ihre Eltern waren sehr hilfsbereit und liefen sofort zum Fluss herunter.

Sie rannten den sonnenbeschienenen Weg am Ufer entlang, um das verlassene Schiff an einer guten Stelle abzufangen.

Der Vater wartete mit einer Stange, die er mitgebracht hatte, geduldig auf das Schiff und stoppte es dann fest entschlossen.

Am Ende band er es am Ufer fest.

Am Morgen

Am Morgen werde ich immer von meinem Großvater geweckt. Ich gehe dann immer ins Badezimmer und wasche dort mein Gesicht. Danach ziehe ich mich schnell an und setze mich an den großen Küchentisch.

Mein Sitzplatz ist zwischen meiner Schwester und meinem Papa. Nach dem Frühstück mache ich mich auf den Schulweg, denn er ist sehr weit.

Aber vorher packt meine Mutter mir noch mein Schulbrot ein und ich nehme mir eine Flasche Wasser aus dem Kühlschrank.

Man darf nie vergessen:
Jeder Baum wird klein gepflanzt.

Konrad Adenauer

Die Umlaute

Die Umlaute ä,ö und ü sind eine Besonderheit in der deutschen Sprache und sollten deshalb auch ganz besonders gut geübt werden.

Fangen wir doch direkt damit an!

Das süße Kätzchen

Als die kleine Lisa die Haustür öffnet, ist es schon sehr spät. Aber ihr süßes und schönes Kätzchen wartet bereits ungeduldig in der Küche auf sein leckeres Futter. Das Futter ist nicht süß, sondern herzhaft.

Lisa hüpft eilig zum Kühlschrank und öffnet die Tür. Sie nimmt den Dosenöffner und öffnet damit mühsam die Dose.

Sie füllt danach das Futter in ein Schälchen. Das Schälchen ist grün.

Dann frisst die Katze genüsslich ihr Futter und schnurrt dabei zufrieden. Das klingt sehr schön und gemütlich. Das Tier legt sich danach in die Nähe des Kamins und wälzt sich in der Wärme. Das Mädchen kuschelt die glückliche Katze danach und hält sie in ihren Händen.

Der Ausflug auf die Insel

Meine Schwester und ich nehmen heute eine Fähre und fahren damit auf eine Insel. Die Überfahrt dauert mal wieder etwas länger, deswegen lese ich meiner Schwester ein schönes Märchen vor. Ich habe es ganz persönlich erfunden und mit meinem Füller aufgeschrieben. Wenn ich groß bin, möchte ich viele Bücher schreiben. Auf der Insel stehen viele sehr alte Häuser. In einem der Häuser wohnt Günter. Günter ist fröhlich und arbeitet in seinen beiden Gärten.

Spät am Abend kehren meine Schwester und ich glücklich zurück nach Hause. Ich habe aus Günters Garten Möhren mitgebracht. Die gibt es dort in Hülle und Fülle.

Die Tiere im Wald

Ich laufe mit meinem Hund Tünnes durch den Wald. Auf einmal läuft Tünnes weg. Denn er hat ein Mäuschen gesehen. Es versteckt sich zwischen den Bäumen und macht sich ganz klein.

In Wäldern gibt es viele Mäuse, denn sie finden hier genug Nahrung. Blätter und Gräser schmecken Mäusen ganz besonders gut.

Und zwischen den Büschen und Bäumen können die Mäuse gut spielen. Auch Tünnes möchte spielen.

Aber ich fange ihn sehr schnell wieder ein.

Diktat aller Lernfelder

In diesem Kapitel können Sie gemeinsam mit Ihrem Kind
alle bisher erlernten Schwerpunkte kombinieren.
Die Diktate sind besonders anspruchsvoll, aber auch
besonders interessant.

Der Spaziergang am Sonntag

Jeden Sonntag geht die nette Rentnerin Frau Meier mit
ihrem großen Schäferhund Rex in den Wald spazieren. Sie
macht diesen Ausflug an jedem Sonntag, denn sie liebt
alle Pflanzen, die es dort zu bestaunen gibt.

Auch Rex liebt die Pflanzen dort. Er schnuppert sehr
gerne an den kleinen Gänseblümchen. Außerdem
markiert er jedes Mal den gleichen Baum im Wald.

Heute gibt es aber etwas ganz Besonderes im Wald zu sehen: Hinter dem Weg macht die große
Rehfamilie auch einen Sonntagsspaziergang. Das ist sehr spannend und ganz besonders!

Unsere Reise durch Deutschland

Diesen Herbst verreise ich mit meinem Papa durch die ganze Bundesrepublik. Wir haben uns dafür
ein Bahnticket gekauft, mit dem wir eine ganze Woche lang fahren können.

Wir wollen uns gemeinsam die schönsten Orte des Landes anschauen. Und ich bin schon sehr
aufgeregt und gespannt!

Wir fangen in der Hauptstadt an. Das ist Berlin. Dort steht das Brandenburger Tor. Danach fahren
wir in den Westen und machen eine Rundfahrt im Hamburger Hafen. Dann fahren wir lange mit der
Bahn und schauen uns den Kölner Dom an. Wir übernachten dann da und fahren am nächsten Tag
nach Heidelberg, um das Schloss zu besichtigen.

Ich werde diese Reise mit Sicherheit nie vergessen.

Ein aufregendes Fußballspiel

Im Ferienlager haben wir in der letzten Woche der Sommerferien ein Fußballturnier organisiert.

Wir waren alle sehr aufgeregt und wollten unbedingt gewinnen.

Es war schönster Sonnenschein, aber schon nach acht Minuten fing es zu regnen an. Wir wurden alle
nass. Ich stolperte deswegen und brach mir ein Bein.

Ohne mich konnte die Mannschaft nicht gewinnen. Wir waren sehr enttäuscht und ich hatte große Schmerzen.

Zum Glück kam ich schnell ins Krankenhaus und wurde dort versorgt. So ein aufreibendes Spiel werde ich hoffentlich nie wieder erleben.

Der Besuch meiner Tante

Eines Tages stand ganz plötzlich meine Tante Tanja vor der Tür unserer Wohnung. Sie hatte uns immer wieder angedeutet, uns irgendwann ganz überraschend zu besuchen.

Erst war Mama etwas wütend, hat sich dann aber doch sehr über den Besuch ihrer Schwester gefreut.

Tanja war sehr einsam und hat uns deswegen besucht. Sie möchte sehr lange bleiben und am liebsten gar nicht mehr ausziehen.

Ich freue mich darüber. Ich mag meine Familie sehr gerne! Tanja kann von mir aus für immer bei uns wohnen bleiben. Dann können wir viel zusammen spielen.

Lena hat einen Schatz gefunden!

Lena hat eigentlich wirklich gar keine Lust darauf, spazieren zu gehen. Sie würde viel lieber im Garten bleiben. Sie findet es im Wald immer viel zu langweilig. Aber ihre Eltern bestehen darauf, dass sie mitkommt.

Sie läuft durch den Wald und sieht auf den Boden.

Plötzlich sieht sie, dass auf dem Boden etwas glänzt. Es ist eine große Münze! Lena freut sich sehr über ihren Fund.

Ihr Vater erklärt ihr, dass die Münze schon sehr alt ist und aus echtem Gold. Sie ist sehr wertvoll. Lena kann ihr Glück kaum fassen.

Die Frühlingszeit

Der Frühling besteht aus den Monaten März, April und Mai. Wenn der lange und kalte Winter vorbei ist, werden die Tage im Frühling wieder länger und wärmer. Der Frühling ist auch die Zeit, in der wir Ostern feiern. Im Frühling erwacht die Natur wieder zum Leben und es sprießen frische Knospen und neue Blätter aus den Laub- und Obstbäumen.

Auch jede Menge neue bunte Blumen blühen wieder.

Viele Tiere erwachen aus ihrem Winterschlaf oder ihrer Winterruhe. Dann arbeiten viele Menschen im Garten oder pflanzen neue Blumen in ihre Blumenkästen auf ihrem Balkon.

Im Frühling ist es Zeit für viele Zugvögel, die im Süden überwintert haben, zurückzukommen.

Der Zitronenfalter

Wenn es im Frühling langsam wärmer wird, sehen wir viele leuchtend gelbe Zitronenfalter in der Luft fliegen.

Sie haben diesen lustigen Namen, weil die Männchen strahlend gelbe Flügel haben.

Die schönen Tiere gibt es sogar in ganz Europa.

Der Zitronenfalter hat einen kleinen Rüssel, mit dem er sich aus den Blüten der Blumen seine Nahrung holt.

Die Schmetterlinge legen ihre kleinen Eier im April oder Mai ab. Bereits zehn Tage später schlüpfen daraus kleine grüne Raupen.

Diese Raupen fressen sich dann fett und verpuppen sich. Daraus werden im Sommer dann neue Zitronenfalter entwickelt, damit wir im nächsten Frühling wieder welche bestaunen können.

Im Eissalon

Bei mir in der Nähe gibt es einen Eissalon. Die Familie, der der Eissalon gehört, kommt aus Italien. Das Eis im Eissalon ist das beste Eis in der ganzen Stadt. Leider hat der Laden nur von Mai bis September geöffnet. Dann stehen wir alle dort in einer langen Schlange, um das leckere Eis kaufen zu können.

Viele der Leute kaufen sich eine oder zwei Kugeln von dem Eis in der Waffel.

Andere hingegen essen das Eis lieber in einem Becher. Deswegen stehen auch immer Tische und Stühle vor dem Eissalon, damit man sich hinsetzen kann.

Welches Eis isst du am liebsten?

Der Unterricht im Pausenhof

Um kurz vor acht morgens war es schon so heiß, dass wir alle schon auf dem Schulweg geschwitzt haben.

Als wir in den Klassenraum gekommen sind, hatte unsere Lehrerin bereits alle Fenster weit offen.

Durch die Hitze waren wir alle schon sehr müde, als der Unterricht begonnen hat.

Deshalb hat unsere Lehrerin beschlossen, dass der Unterricht draußen stattfinden soll.

Wir haben das Klassenzimmer alle zusammen verlassen und uns ein kühles und schattiges Plätzchen auf der Wiese hinter der Schule gesucht.

Unter den schattigen Bäumen dort konnten wir uns wieder viel besser auf den Unterricht konzentrieren und Spaß am Lernen haben.

Die Blätter im Herbst

Ich weiß, dass die Blätter der Laubbäume sich im Herbst bunt färben und danach abfallen. Mein Vater hat mir erklärt, warum das so ist: Jedes Blatt wird im Sommer über die Wurzeln des Baumes mit Nahrung versorgt. Im Herbst und im Winter brauchen die Bäume die Nährstoffe aber für sich selbst, damit sie die Kälte überstehen können.

Dann ziehen die Bäume die Nährstoffe wieder aus den Blättern ab.

Deswegen werden die Blätter dann trocken und färben sich bunt.

Bevor die Blätter aber abfallen, kann ich die bunten Farben am Baum bewundern, der jetzt braun, rot, gelb und auch orange leuchtet.

Die Kastanienmännchen

Wenn es Herbst wird, wird es draußen wieder kälter und die Tage werden immer kürzer.

Dann macht es umso mehr Spaß, zu Hause oder in der Schule Kastanienmännchen zu basteln. Denn im Herbst kann man draußen Kastanien sammeln und daraus mit wenig Mühe Menschen oder Tiere bauen.

Dazu muss man Kastanien sammeln, die unterschiedlich groß sind. Außerdem braucht man noch ein paar Zahnstocher oder dünne Holzspieße. Am meisten Spaß macht es, die Kastanienmännchen zusammen mit Freunden zu basteln.

Mein Freund, der Igel

Ich mag Igel sehr gerne. Wenn es Herbst wird, müssen Igel sehr viel Nahrung zu sich nehmen, damit sie für den kalten und langen Winter gut vorbereitet sind. Im Winter halten Igel nämlich Winterschlaf. Dann liegen sie in einem kuscheligen und warmen Nest aus Moos, Reisig und Laub. Die Blätter werden von Igeln fest zusammengedrückt, damit das Nest auch den ganzen Winter über hält.

Wenn Igel dann im Frühling wieder aufwachen, sind sie sehr hungrig und fressen alles, was ihnen unter die Nase kommt.

Wenn es im Winter friert

Im Winter ist es kalt und Frost und Schnee beeinflussen die Natur. Wenn es kälter als null Grad ist, gefriert es.

Dann werden Straßen ganz plötzlich glatt wie Spiegel und die Autos können kaum noch fahren.

Auch die Menschen haben dann Probleme und müssen lange warten, bis der Winterdienst kommt und die Straßen und Wege wieder räumt.

Besonders schön sind gefrorene Fensterscheiben, an denen wunderschöne Eisblumen entstehen.

Wer dort genau hinschaut, kann faszinierende Formen entdecken.

Wenn es über eine lange Zeit hinweg friert, dann frieren sogar Flüsse und Seen zu.

Der kalte Winter

Die Jahreszeit, in der es am kältesten ist, ist der Winter. Im Winter haben deshalb alle Kinder dicke Jacken und Mäntel an.

Außerdem sind warm gefütterte Stiefel, ein dicker Schal und warme Handschuhe im Winter praktisch.

Wenn es draußen friert, entstehen am Fenster Eisblumen.

Und wenn es schneit, fahren die Kinder mit ihren Schlitten auf den Wiesen und Hügeln herum.

Am meisten Spaß macht es aber, draußen im Schnee einen Schneemann zu bauen.

Danach geht man wieder ins warme Haus und macht es sich gemütlich. Am besten mit heißem Tee oder warmem Kakao.

Besonders lecker ist aber ein Bratapfel frisch aus dem Backofen.

Im Januar

Bei uns auf der nördlichen Erdhalbkugel ist der Januar die kälteste Zeit des Jahres. Das Jahr beginnt mit dem 1. Januar. Dort ist direkt ein Feiertag.

Und auch am 6. Januar ist schon wieder ein Feiertag, und zwar die „Heiligen Drei Könige".

Der Januar wird von vielen Menschen auch als Eismonat bezeichnet, weil es so kalt ist.

Jedes Jahr hat der Januar 31 Tage.

Ich mag den Januar, weil ich dann gerne Schneemänner baue oder draußen Schlittenfahren kann.
Ab und zu kann ich auch weiße Schneeglöckchen erkennen, die aus der Erde schauen.

Der Schneemonat Januar

Diese Nacht ist das Thermometer endlich unter null Grad Celsius gefallen. Es hat auch die ganze Nacht über heftig geschneit.
Deswegen räumen die Hausmeister jetzt den ganzen Schnee vor den Häusern weg, damit die Menschen die Gehwege benutzen können.
Auch Streudienste waren schon unterwegs.
Es herrscht Chaos auf den Straßen. Aber ich freue mich trotzdem über den Schnee und auf die Schneeballschlacht mit meinen Freunden.

Rudolf das Rentier

Immer wenn es draußen schneit, erzählt meine Oma mir gerne Weihnachtsmärchen. Denn sie weiß, dass alle Kinder es lieben, Geschichten zu hören. Heute erzählt sie mir die Geschichte vom Rentier Rudolf mit der roten Nase. Er ist das kleinste Rentier in einer großen Familie und hat eine rote Nase. Wegen seiner Nase wird Rudolf häufig von anderen Tieren ausgelacht. Als der Weihnachtsmann vor Weihnachten vorbeikommt, sucht er ein neues Rentier für seinen Schlitten.
Er sucht Rudolf aus, weil er mit seiner leuchtenden roten Nase am besten zu seinem Schlitten passt.
Ich mag solche Geschichten, die gut ausgehen.

Es ist Weihnachten!

Die Kinder freuen sich schon seit vielen Wochen auf Weihnachten. Überall gibt es Weihnachtsmärkte mit vielen tollen Leckereien. Die bunte Weihnachtsbeleuchtung sieht auch dieses Jahr wieder richtig klasse aus. Alle Kinder und Erwachsenen haben sich schon auf das große Fest vorbereitet. Und heute ist es endlich wieder soweit! Das kleine Glöckchen klingelt und die ganze Familie trifft sich im Wohnzimmer unter dem Baum. Er ist so schön geschmückt: Mit vielen roten Kugeln und kleinen weißen Kerzen.
Alle freuen sich über ihre tollen Geschenke und können es kaum erwarten, sie auszupacken.
Es wird zusammen gegessen und die Kinder spielen mit ihrem neuen Spielzeug.

Versagen darfst du,
aber nie aufgeben.
Mary Crowley

Nachwort

Sie sind nun am Ende dieses Buches angelangt.

Ich hoffe, Sie hatten während des Lesens und Auswählens der Diktate viel Freude und fanden auch das Hintergrundwissen zu den Diktaten interessant.

Ich hoffe außerdem, dass Sie bei Ihrem Kind bereits den einen oder anderen Lernfortschritt bemerkt haben und dass sein oder ihr Spaß während der Diktate auch nicht zu kurz gekommen ist.

Toll wäre außerdem, wenn Sie und Ihr Kind während der Diktate interessante und lehrreiche Momente hatten und spannendes neues Wissen angehäuft haben.

Empfehlen Sie dieses Buch doch gerne weiter - ich bin mir sicher, dass auch andere Eltern froh über die Anregungen und Inspirationen sind, die dieses Buch bereithält.

Ich wünsche Ihnen und Ihrem Kind auf dem weiteren Lebensweg von Herzen alles Gute und verbleibe mit den besten Grüßen!

Herzlichst

Ihre
Susanne Rosenberg

Haftungsausschluss

Die Umsetzung aller enthaltenen Informationen,
Anleitungen und Strategien dieses Buches erfolgt auf
eigenes Risiko. Für etwaige Schäden jeglicher Art kann
der Autor aus keinem Rechtsgrund eine Haftung
übernehmen. Für Schäden materieller oder ideeller Art,
die durch die Nutzung oder Nichtnutzung der
Informationen bzw. durch die Nutzung fehlerhafter und/
oder unvollständiger Informationen verursacht wurden,
sind Haftungsansprüche gegen den Autor grundsätzlich
ausgeschlossen. Ausgeschlossen sind daher auch jegliche
Rechts- und Schadensersatzansprüche. Dieses Werk
wurde mit größter Sorgfalt nach bestem Wissen und
Gewissen erarbeitet und niedergeschrieben. Für die
Aktualität, Vollständigkeit und Qualität der
Informationen übernimmt der Autor jedoch keinerlei
Gewähr. Auch können Druckfehler und
Falschinformationen nicht vollständig ausgeschlossen
werden. Für fehlerhafte Angaben vom Autor, kann keine
juristische Verantwortung sowie Haftung in irgendeiner
Form übernommen werden.

Urheberrecht

Impressum

1. Auflage

Copyright 2024 – Susanne Rosenberg

Alle Rechte vorbehalten.

Das Werk darf - auch teilweise - nur mit Genehmigung des Verlags
vervielfältigt werden.

ISBN: 978-3-98935-586-6

Lucid Page Media (ein Imprint der Orbita Media GmbH)

Ericusspitze 4

20457 Hamburg

Deutschland

kontakt@lucidpagemedia.de

Cover-gestaltung: Marius Hirscher
Illustrationen: Bubert Art
Zitate von:
www.hallo-eltern.de